ATLAS
DU
CAPITALISTE

ANNÉES 1866-1867

PARIS.
C. Robert, Editeur
45, Rue de la Victoire, 45.

LE MANS.
Ernest Lebrault,
38, Rue des Minimes, 38.

4403

ATLAS DU CAPITALISTE

ANNÉES 1866-1867

PAR

F. BOSTMEMBRUN DE BOISMONTBRUN

ANCIEN ÉLÈVE DE L'ÉCOLE POLYTECHNIQUE,
CHEVALIER DE LA LÉGION D'HONNEUR.

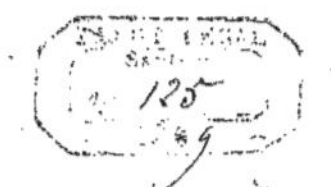

E. LEBRAULT
IMPRIMEUR-LITHOGRAPHE
RUE DES MINIMES 38
LE MANS.

C. ROBERT
ÉDITEUR
RUE DE LA VICTOIRE 45
PARIS.

1869

TABLE DE L'ATLAS

ANNÉES 1866-1867.

EXPLICATIONS

Ass. . . . . Assemblée générale.

C . . . . Coupon.

D . . . . Dividende comprenant toujours l'intérêt statutaire
et la part de bénéfice à distribuer.

Dans les courbes dont le trait est plein, le pointillé représente une interruption de cote pendant un temps proportionnel à sa longueur. De même du trait plein dans une courbe pointillée.

Une note indique sur chaque feuille la valeur en francs des divisions, valeur qui ressort d'ailleurs de la graduation.

Pour trouver la cote d'une valeur à un jour déterminé, remarquer que, les mois correspondant à dix divisions, l'intervalle qui sépare deux divisions équivaut à trois jours. En conséquence, remonter la ligne verticale qui correspond au jour jusqu'à la rencontre de la courbe et regarder à droite ou à gauche, en fin d'année, la cote de l'horizontale qui passe par le point.

FONDS d'ÉTAT.

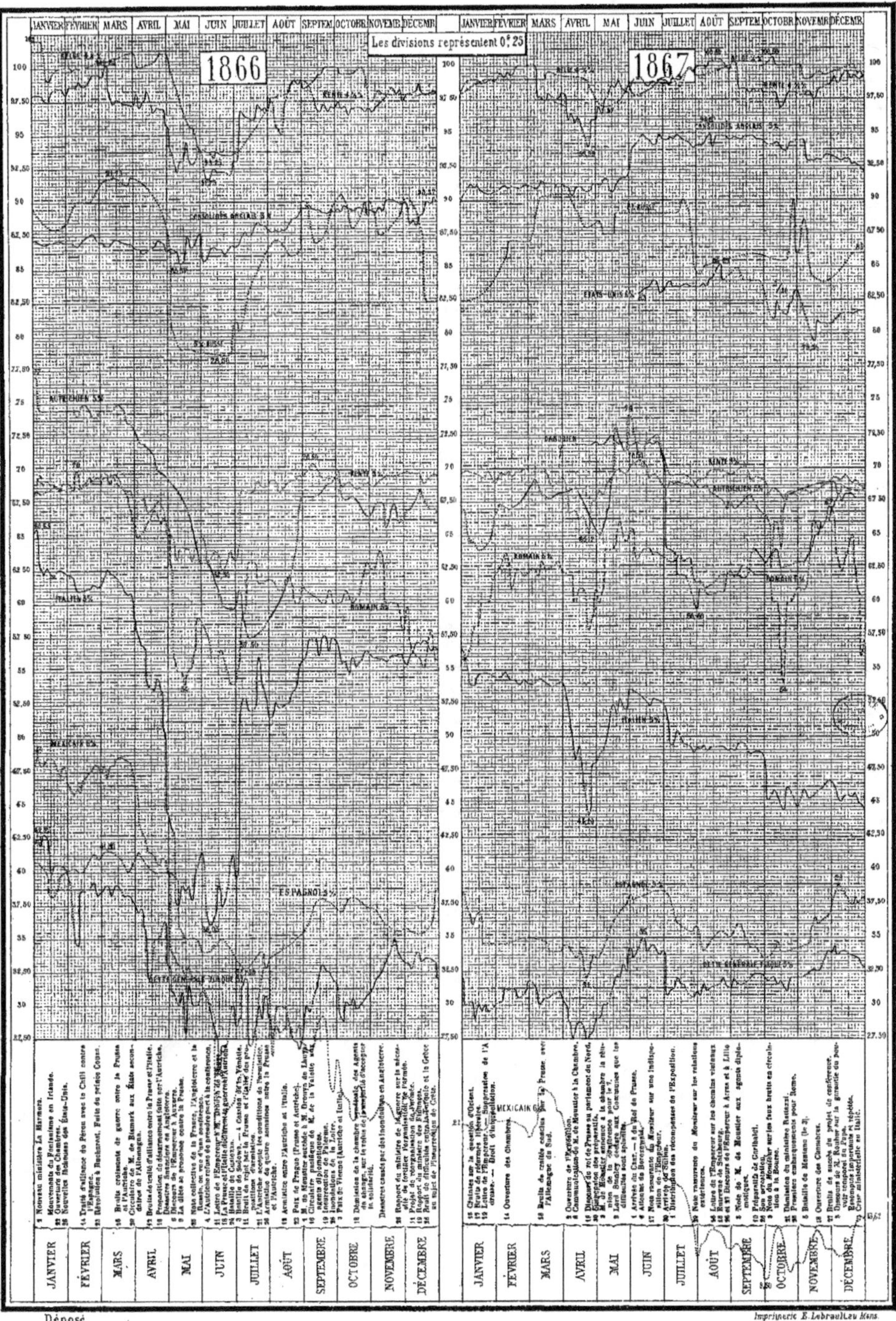

FONDS D'ÉTAT

RENTES FRANÇAISES.

3 0/0, coupons de 0,75, détachés les 15 mars, 15 juin, 15 septembre et 15 décembre.
4 1/2 et 4 0/0, coupons de 2 fr. 25 et 2 fr., détachés les 7 mars et 7 septembre.

ANGLETERRE.

Consolidés 3 0/0.
Coupons de 1 fr. 50, détachés les 1er juin et 1er décembre.
(Ce fonds n'est pas coté à la bourse de Paris.)

AUTRICHE 5 0/0 1852.

Coupons de 2 fr. 50, détachés les 1er janvier et 1er juillet.

BELGIQUE.

4 1/2 0/0 (1844-1860).
Échéances les 1er mai et 1er novembre (coupons de 2 fr. 25).

DANUBIENNES (Emprunt des principautés).

31.610.500 francs en titres de rentes 8 0/0, émis, du 19 au 21 février 1867, par MM. Oppenheim, Alberti et Cie à 71 francs,
jouissance du 1er janvier, remboursables à 100 francs par tirages annuels en 23 ans (annuité 3.047.944 fr.).
Tirage en décembre, remboursement le 1er janvier
Intérêts : 4 0/0 le 1er janvier et 4 0/0 le 1er juillet. Le coupon varie avec les coupures qui sont de 20 fr., 40 fr., 100 fr.,
1.000 fr. et 2.000 fr., 1er tirage, 2 décembre 1867.

ESPAGNE 3 0/0 extérieur 1852-1856.

Échéances les 1er janvier et 1er juillet (coupons de 1 fr. 50).

ETATS-UNIS.

Rente 6 0/0 dite cinq vingt (*five twenties*).
Ces titres créés en vertu d'un décret du 25 février 1862, ont été émis jusqu'à concurrence de 515.000.000 de dollars.
L'intérêt de 6 0/0 est payable en or, les 1er mai et 1er novembre.
Les coupures sont de 3, 6, 30 ou 60 dollars.
Le remboursement peut commencer dès la cinquième année et ne peut dépasser la vingtième (1882).

ITALIE.

5 0/0, coupons de 2 fr. 50, les 1er janvier et 1er juillet.

MEXICAIN.

6 0/0, coupons de 3 francs, payables les 1er avril et 1er octobre.
(Le dernier payement a eu lieu le 1er avril 1866.)

ROMAIN.

5 0/0, coupons de 2 fr. 50, les 1er juin et 1er décembre.

RUSSE.

5 0/0 1862, coupons de 2 fr. 50, les 1er mai et 1er novembre.

DETTE GÉNÉRALE TURQUE.

5 0/0, coupons de 2 fr. 50, les 1er janvier et 1er juillet.

Le Mans. — Typ. Ed. Monnoyer. — Août 69.

ETATS & VILLES.

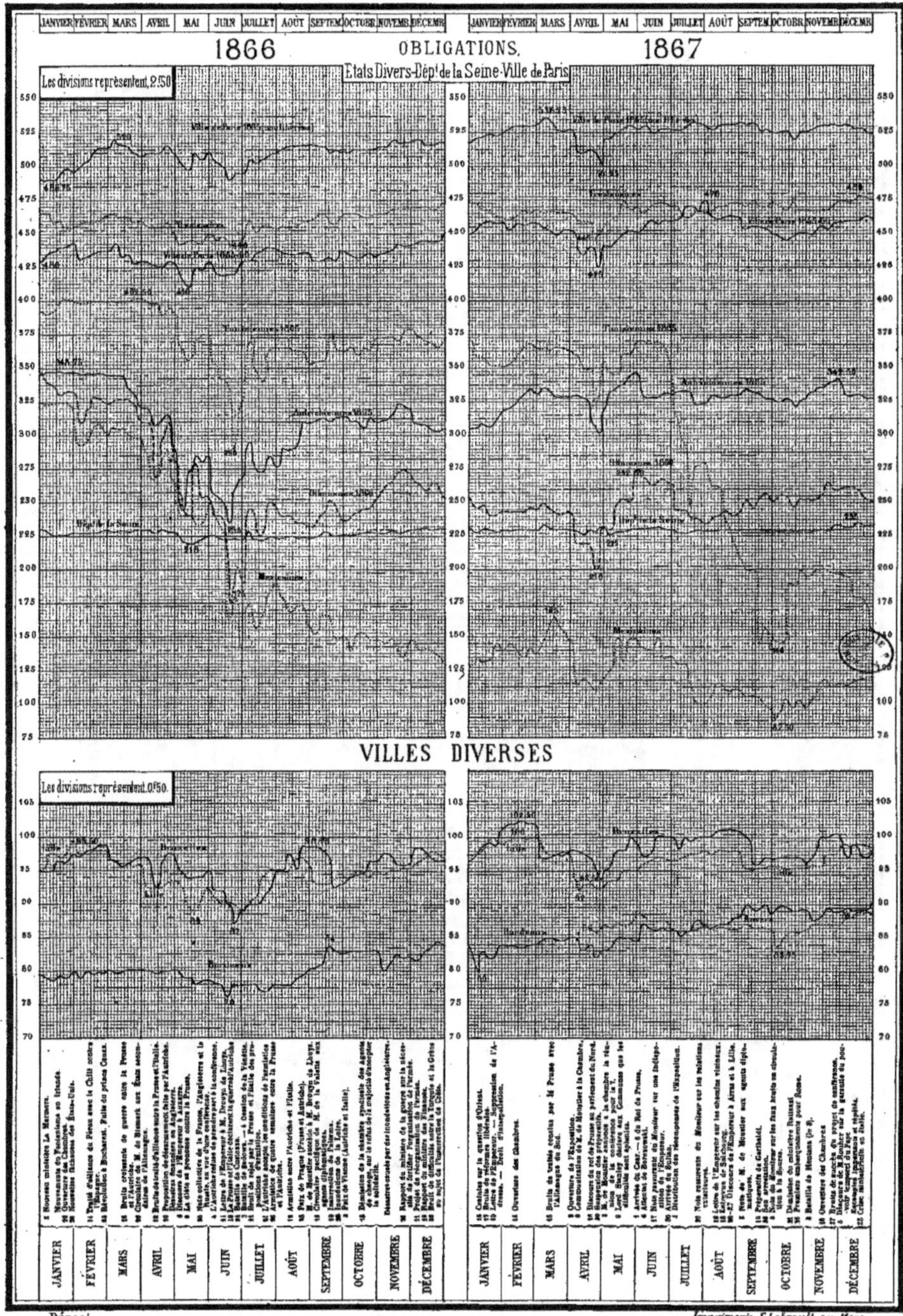

OBLIGATIONS D'ÉTATS ET VILLES

1866   1867

OBLIGATIONS DU TRÉSOR

500 francs 4 0/0, échéances les 20 janvier et 20 juillet. — Coupons de 10 fr. détachés les 12 janvier et 12 juillet. — Remboursement par tirages au sort annuels finissant en 1889.

20 *janvier*. — 16.130 obligations à amortir le 20 juillet. ‖ 21 *janvier*. — 16.776 obligations.

DÉPARTEMENT DE LA SEINE

Emprunt de 1857. — 50.000.000 de francs. — Obligations de 225 fr., au porteur 4 0/0, remboursables en trente années, à partir du 1er juillet 1858, par voie de tirages au sort semestriels.
Intérêts : 9 fr. — Coupon de 4 fr. 50 les 1er janvier et 1er juillet.

1er *mai*. — 18e tirage 3.005 obligations à amortir le 1er juillet. ‖ 1er *mai*. — 20e tirage, 3.127 obligations.
2 *novembre*. — 10e — 3.065 — le 1er janvier. ‖ 2 *novembre*. — 21e — 3.131 —

VILLE DE PARIS

Emprunt de 1855-1860. — Obligations de 500 3 0/0. — Intérêts : 15 francs, payables par semestre les 1er mars et 1er septembre.
1er *février*. — 22e tirage, 1.246 obligations de chacune des trois séries, ensemble 3.738 à amortir au 1er mars. ‖ 1er *février*. — 24e tirage, 1.283 obligations par série, ensemble 3.840.
1er *août*. — 23e tirage, 1.265 obligations par série, ensemble 3.795 à amortir le 1er septembre. ‖ 1er *août*. — 25e tirage, 1.301 obligations par série, ensemble 3.903.

Emprunt de 1865. — 250.000.000 de francs en 600 000 obligations de 500 francs 4 0/0, remboursables en soixante ans à dater du 1er février 1865. Quatre tirages annuels les 15 mars, 15 juin, 15 septembre et 15 décembre, comprenant 21 lots, dont un de 150.000 francs.
Intérêts : 20 francs, payables en deux coupons de 10 francs les 1er février et 1er août.

AUTRICHE

Emprunt de 1865. — 734.694 obligations de 500 francs (200 florins), remboursables en trente-sept années à compter du 1er juin 1868, par voie de tirage au sort. (Cet emprunt a été converti en rente consolidée par la loi du 20 juin 1868.)
Intérêts : 25 francs en deux coupons de 12 fr. 50 les 1er juin et 1er décembre.

ÉGYPTE

Obligations hypothécaires du vice-roi. — 84.682.500 francs en 169 365 obligations de 500 francs 7 0/0, émises du 15 au 20 novembre 1866, remboursables au pair en trente payements semestriels égaux.
Des tirages ont eu lieu les 26 avril, 27 novembre 1866 et 27 avril, 20 novembre 1867.
Intérêts : 35 fr. en 2 coupons de 17 fr. 50 les 7 janvier et 7 juillet.

MEXIQUE

981.273 obligations de 500 francs 5 0/0, en deux séries, remboursables en cinquante ans.
Intérêts : les 1er avril et 1er octobre. Le dernier payement a eu lieu le 1er avril 1866.

EMPIRE OTTOMAN

Emprunt de 1863. — 300.000 obligations de 500 francs 6 0/0, remboursables en vingt-trois ans et demi.
Intérêts : 30 francs en deux coupons les 1er janvier et 1er juillet.

23 *mai*. — 6e tirage, 4.050 obligations à amortir le 1er juillet. ‖ 23 *mai*. — 8e tirage, 4.935 obligations.
21 *novembre*. — 7e tirage, 4.775 obligations à amortir le 1er janvier 1867. ‖ 21 *novembre*. — 9e tirage, 5.030 obligations.

RUSSIE

Emprunt de 184.000.000 de francs en 600.000 obligations de 500 francs 4 0/0, remboursables en quatre-vingt-quatre ans par tirages annuels commençant le 1er octobre 1868.
Intérêts : 20 francs en deux coupons les 1er mai et 1er novembre.

TUNISIE

Emprunt de 1865. — 73.568 obligations de 500 francs 7 0/0, remboursables en quinze ans, à partir du 1er juillet 1863, par voie de tirage au sort les 1er juin et 1er décembre.
Intérêts : 35 francs en deux coupons de 17 fr. 50 les 1er janvier et 1er juillet.
Le dernier coupon payé est celui du 1er janvier 1867.

1er *juin*. — 1er tirage, 1.527 obligations à amortir le 1er juillet. ‖ 1er *juin*. — 3e tirage, 1.635 obligations.
1er *décembre*. — 2e tirage, 1.580 obligations à amortir le 1er janvier 1867.

VILLE DE LILLE

Emprunt de 1860. — 17.500.000 francs en 175.000 obligations de 100 fr. 3 0/0, remboursables en quarante-deux années par voie de tirage au sort les 1er mars et 1er septembre.
Intérêts : 3 francs en deux coupons de 1 fr. 50 les 1er mars et 1er avril.
Lots divers dont un de 25.000 francs qui sera de 50.000 au dernier tirage.

1er *mars*. — 12e tirage, 402 obligations à amortir le 1er avril. ‖ 1er *mars*. — 14e tirage, 417 obligations.
1er *septembre*. — 13e tirage, 415 obligations à amortir le 1er octobre. ‖ 1er *septembre*. — 15e tirage, 424 obligations.

VILLE DE BORDEAUX

Emprunt de 1863. — 20.000.000 de francs en 200.000 obligations de 100 francs 3 0/0, remboursables en trente-six années par voie de tirages au sort, les 1er janvier et 1er juillet.
52 obligations par tirage avec lots ou primes.
Intérêts : 3 francs le 1er novembre.

VILLE DE BRUXELLES

Emprunt de 1862. — 25.000.000 de francs en 250.000 obligations de 100 francs 3 0/0, remboursables en soixante-six ans par voie de tirages au sort les 1er mars et 1er septembre, avec lots, dont un de 50.000 francs.
Intérêts : 3 francs payables le 1er juillet.

1er *mars*. — Tirage de 472 obligations à amortir le 1er juin. ‖ 1er *mars*. — Tirage de 493 obligations.
1er *septembre*. — Tirage de 488 obligations à amortir le 1er décembre. ‖ 1er *septembre*. — Tirage de 502 obligations.

VILLE D'ANVERS

Emprunt de 1867. — 27.500.000 francs ou 275.000 obligations de 100 francs 3 0/0, remboursables en soixante-six années par 198 tirages au sort (trois par an), avec 66.000 francs de lots par tirage, dont un de 50.000 francs, puis de 30.000 à partir de 1880.
Intérêts : 3 francs le 1er mars.

1er *juin*. — 1er tirage, 296 obligations à amortir le 1er septembre. ‖ 1er *octobre*. — 2e tirage, 299 obligations à amortir le 1er février 1868.

Le Mans. — Typ. Ed. Monnoyer. — Juill. 69.

BANQUE DE FRANCE.

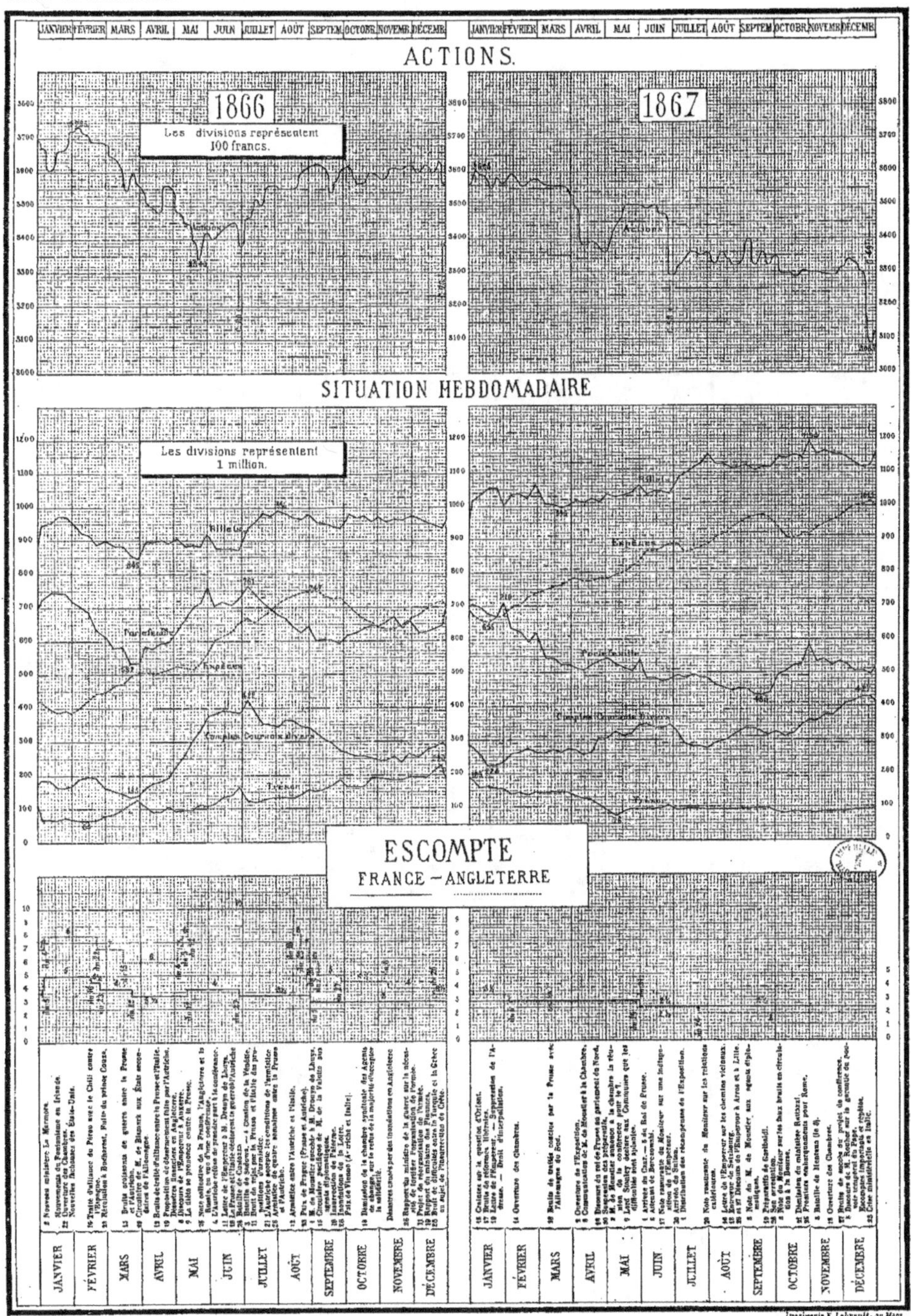

Imprimerie E. Lebrault. au Mans.

C. Robert Editeur, Rue de la Victoire 45, Paris.

BANQUE DE FRANCE

S. A. F. 3.

1866.
ASSEMBLÉE DU 25 JANVIER

Résultat de l'Exercice 1865.

Masse des opérations : 7.422.614.100 francs.

Escompte : 6.550.735.400 fr. en 4.735.561 effets, soit : 2.458.035.046 à Paris en 2.220.924 effets et 3.582.095.412 dans les succursales en 2.514.637 effets.

La proportion des rejets est de 1,29 %.

Le montant des avances est de 402.324.600 francs.

BILLETS EN CIRCULATION au 25 janvier 1866.

9	de 5.000 fr.	....	45.000 fr.
538.268	de 1 000	....	538.268.000
214.928	de 500	....	107.464.000
199.691	de 200	....	39.938.200
2.502.985	de 100	....	250.298.500
703.198	de 50	....	35.474.900
4.159.379	billets pour	....	974.488.600 fr.
	Diverses coupures anciennes	......	1.622.475
			979.814.075 fr.

Mouvements généraux.

VIREMENTS.	BILLETS.	ESPÈCES.
45.934.596.600 fr.	44.979.783.500 fr.	4.932.475.900 fr.

EFFETS AU COMPTANT.

4.397.438 pour 4.736.860.300 francs.

COMPTES COURANTS POUR PARIS.

Maximum : 221.420.000 francs le 6 juillet.
Minimum : 430.831.700 francs le 13 avril.

BILLETS A ORDRE. 870.014.200 fr.

EFFETS EN SOUFFRANCE. 136.270 fr. 59.

DÉPÔTS DE TITRES.

2.287.576 titres de 777 natures appartenant à 22.572 déposants, pour une somme de 1.443.784.200 francs.

DIVIDENDE.

1er semestre. 78 fr. — 2e semestre 76 fr. — Total 154 fr.
44.399 actionnaires. — 73.626 actions immobilisées.

MM. Périer, A. de Rothschild et Akermann, trésorier général du Nord, sont réélus régents.

M. Lefebvre de Nerville, démissionnaire, nommé régent honoraire, est remplacé par M. Denière.

M. Darblay est réélu censeur.

1867.
ASSEMBLÉE DU 31 JANVIER.

Résultat de l'Exercice 1866.

Masse des opérations : 8.292.774.100 francs.

Escompte : 6.574.955.400 francs.

Nombre des effets escomptés à Paris, déduction faite des Bons du Trésor et des Bons de la Monnaie : 2.340.031 francs, représentant un total de 2.582.048.868 fr. 94, soit en moyenne 1.103 fr. 45 par effet.

Avances sur effets publics, chemins de fer, etc. 420.244.700 francs

BILLETS EN CIRCULATION au 31 janvier 1867.

8	de 5.000 fr.	....	40.000
647.893	de 1.000	....	647.893.000
230.507	de 500	....	115.753.500
137.041	de 200	....	27.408.200
2.754.560	de 100	....	275.456.000
683.452	de 50	....	34.172.600
4.454.461	billets pour	....	4.400.723.300 fr.
	Billets divers (anciens types)	....	4.607.475
			4.402.330.775 fr.

Mouvements généraux.

VIREMENTS.	BILLETS.	ESPÈCES.
47.402.356.200 fr.	43.654.648.000 fr.	2.540.743.500 fr.

EFFETS AU COMPTANT.

4.474.539 pour une somme de 4.844.963.200 fr.

COMPTES COURANTS POUR PARIS.

Maximum au 30 juin 377 700.000 francs.
Minimum au 27 mars 440.300.000 francs.

BILLETS A ORDRE : 4.083.504.200 fr.

EFFETS EN SOUFFRANCE : 2.537.595 fr. 42

DÉPÔTS DE TITRES :

2.368.535 de 836 natures différentes appartenant à 23.284 déposants, pour une somme de 4.450.779.300 francs.

DIVIDENDE.

1er semestre 80 fr. — 2e semestre 76 fr. — Total 156 fr.
(44.634 actionnaires, 75.238 actions immobilisées), trois succursales autorisées par décret dans l'année (Niort, Evreux et Castres).

M. Siméon est nommé régent en remplacement de M. Lafond, décédé.

MM. Latimier du Clésieux, Davillier et de Germiny sont réélus.

M. Fère est réélu censeur.

CRÉDIT FONCIER.

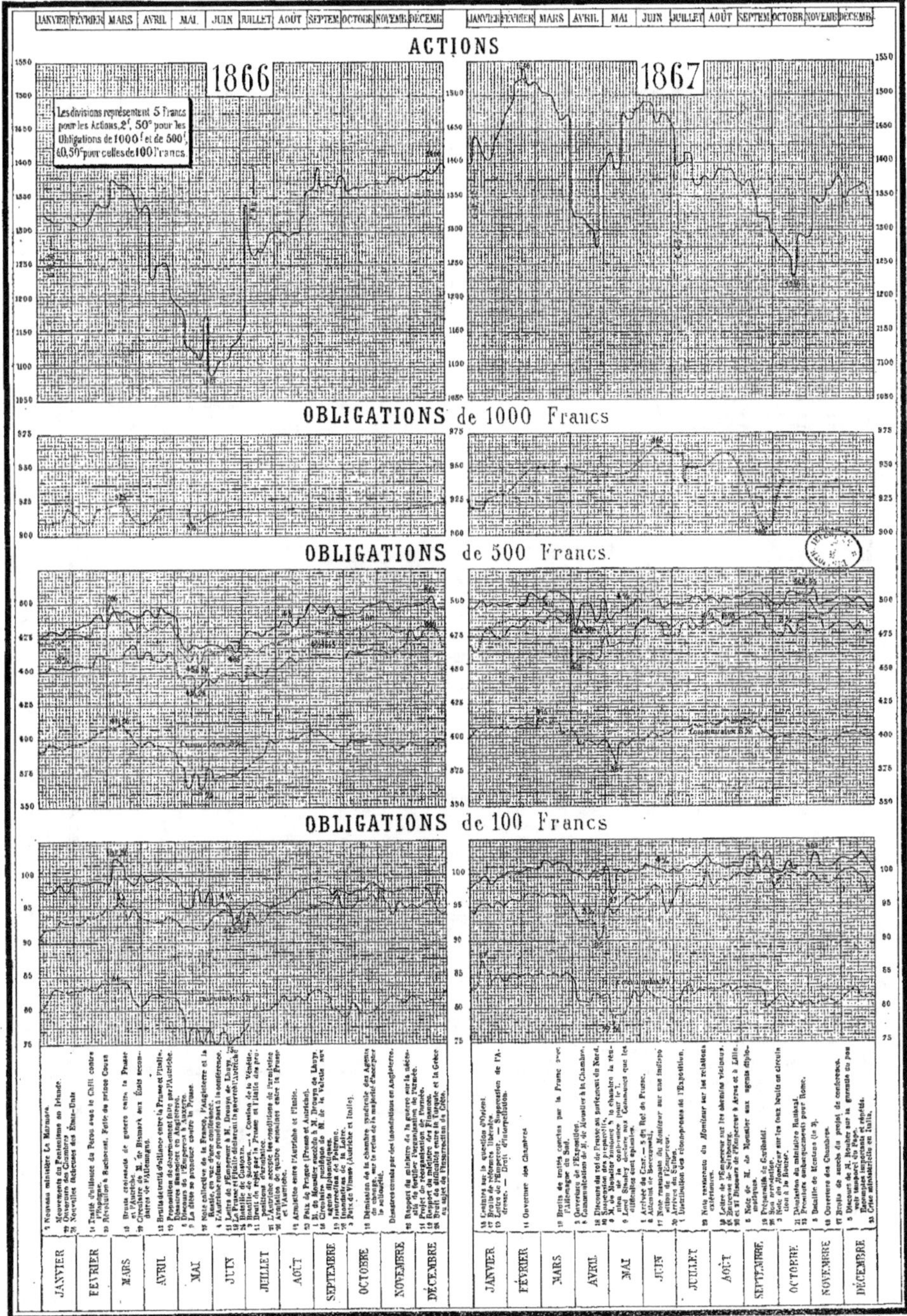

CRÉDIT FONCIER DE FRANCE

1866

1er *janvier*. — Coupon de 12 fr. 50.

28 *avril*. — L'Assemblée approuve les comptes et fixe le dividende à 52 fr. 50, dont 40 fr. à payer le 1er juillet;

Elle décide qu'une somme de 474.481 fr. 88 sera portée au fonds de réserve statutaire;

Elle approuve la prorogation pour dix années, à partir du 18 mars 1867, du traité en date du 19 mars 1859, approuvé par décret impérial du 4 juin 1860, qui règle les rapports du Crédit foncier de France et du sous-comptoir des entrepreneurs;

Elle réélit administrateurs pour cinq ans, en exécution des articles 24 et 36 des statuts,

MM. Dumas, comte Branicki, Alfred Magne, Latimier du Clésieux;

Et censeur pour trois ans,

M. Cotelle;

Elle confirme, en exécution de l'article 26 des statuts, la nomination faite provisoirement par le Conseil de M. P. Boudet, sénateur, en remplacement de M. Banès décédé.

1er *juillet*. — Coupon, 40 francs.

1867

1er *janvier*. — Coupon de 12 fr. 50.

25 *avril*. — L'Assemblée approuve les comptes et fixe le dividende à 57 fr. 50, dont 45 fr. à payer le 1er juillet;

Elle décide qu'une somme de 620.734 fr. 90 sera portée au fonds de réserve statutaire;

Elle réélit administrateurs pour cinq ans,

MM. le président Boudet, Bartholony, comte Benoist d'Azy, West,

Et censeur pour trois ans,

M. Paravey;

Elle confirme la nomination de M. Louis Passy en remplacement de M. Adolphe Fould, démissionnaire.

Comme assemblée extraordinaire : elle autorise l'augmentation du capital social qui sera élevé de 60 à 120 millions suivant le mode de doublement proposé par le Conseil d'administration;

Elle approuve les modifications aux statuts de la Société proposées par le Conseil d'administration dans les termes consignés au procès-verbal.

L'Assemblée confère au gouverneur et au conseil d'administration ou à ses délégués les pouvoirs nécessaires pour consentir toutes autres modifications aux statuts de la Société sur lesquelles ils seraient tombés d'accord avec le Gouvernement, pour introduire dans la rédaction de celles qui viennent d'être adoptées les changements qui seraient exigés, et enfin pour signer les actes qui doivent consacrer les modifications définitivement arrêtées.

1er *juillet*. — Coupon, 45 francs.

PREMIER EMPRUNT DE 200 MILLIONS (1853-1854)

DIVISÉ EN

Obligations foncières de	1.000 fr. 3 0/0,	intérêts	39 francs en deux coupons, les 1er mai et 1er novembre.
— —	500 fr. 3 0/0	—	15 francs en deux coupons, aux mêmes dates.
— —	100 fr. 3 0/0	—	3 francs en un coupon, à l'échéance du 1er novembre.
— —	500 fr. 4 0/0	—	20 francs en deux coupons, les 1er mai et 1er novembre.
— —	100 fr. 4 0/0	—	4 francs en deux coupons, les 1er mai et 1er novembre.

22 *mars*. —	53e tirage.	928 obligations		22 *mars*. —	57e tirage.	968 obligations.
22 *juin*. —	54e —	3 —		22 *juin*. —	58e —	3 —
22 *septembre*. —	55e —	949 —		21 *septembre*. —	59e —	996 —
22 *décembre*. —	56e —	14 —		21 *décembre*. —	60e —	14 —

Les obligations à 4 0/0 sont remboursées au pair, et celles à 3 0/0 avec une prime de 20 0/0. — 170.000 francs de lots dont un de 100.000, un de 50.000 et un de 20.000 aux trois premiers tirages. A celui du 22 décembre les lots s'élèvent à 290.000 francs dont un de 100.000, un de 50.000, un de 40.000, un de 30.000, un de 20.000, un de 10.000 et huit de 5.000 francs.

Obligations foncières de 500 francs 4 0/0 (1863)

EMPRUNT DE 200 MILLIONS

22 *mars*. —	10e tirage.	260 obligations.		22 *mars*. —	14e tirage.	400 obligations.
22 *juin*. —	11e —	40 —		22 *juin*. —	15e —	40 —
22 *septembre*. —	12e —	280 —		21 *septembre*. —	16e —	600 —
22 *décembre*. —	13e —	40 —		21 *décembre*. —	17e —	40 —

200.000 francs de lots, dont un de 100.000, un de 30.000, huit de 5.000 et trente de 1.000

Obligations communales 3 0/0

EMPRUNT DE 75 MILLIONS (1860)

22 *mars*. —	11e tirage.	453 obligations.		22 *mars*. —	13e tirage.	446 obligations.
22 *septembre*. —	12e —	453 —		21 *septembre*. —	14e —	450 —

CRÉDIT AGRICOLE

1er *janvier*. — A-compte sur 1866, coupon de 5 fr. 62 1/2.

26 *avril*. — L'Assemblée fixe le dividende à 20 fr. 62 1/2 et nomme M. P. Boudet administrateur en remplacement de M. Banès, décédé.

1er *juillet*. — Solde du dividende de 1866, coupon de 15 fr.

1er *janvier*. — Coupon de 10 francs.

27 *avril*. — L'Assemblée fixe le dividende à 25 fr.; approuve les modifications proposées aux statuts et réélit MM. Leraudy, Hailig, Dailly, Branicki et Thibault administrateurs et M. Cotelle censeur.

1er *juillet*. — Coupon de 15 francs.

SOCIÉTÉ GÉNÉRALE ALGÉRIENNE

Créée par la loi du 12 juillet 1865; convention approuvée par décret du 18 septembre suivant; statuts du 10 octobre 1866, approuvés par décret du 15. Un décret du 10 novembre 1866, nomme M. Fremy président.

Capital 100 millions dont 50 émis en 100.000 actions, 125 fr. versés.

BUT : Faire avec des tiers pour entreprises algériennes tous travaux et opérations. — Ouvrir des crédits, procurer des capitaux, faire des placements, émissions, avances, etc., faire toutes opérations d'escompte et de banque, recevoir des dépôts, etc.

6-8 *août*. — Souscription à 100.000 actions, à verser 50 francs en souscrivant. Souscription à 100.000 obligations de 130 fr. remboursables en 50 ans par voie de tirage au sort.

Intérêts 6 fr. en deux coupons de 3 fr., les 1er février et 1er août. L'émission a lieu à 130 fr. dont 30 fr. en souscrivant. Les annuités de l'état sont affectées comme gage spécial à ces obligations.

1-15 *janvier*. — Versement de 75 fr. sur les actions.

1er *novembre*. — Coupon de 5 fr. 75 à compte sur 1867.

NOTA. Voir, pour le cours des actions du Crédit agricole et de la Société Algérienne, la feuille n° 5.

SOCIÉTÉS DE CRÉDIT.

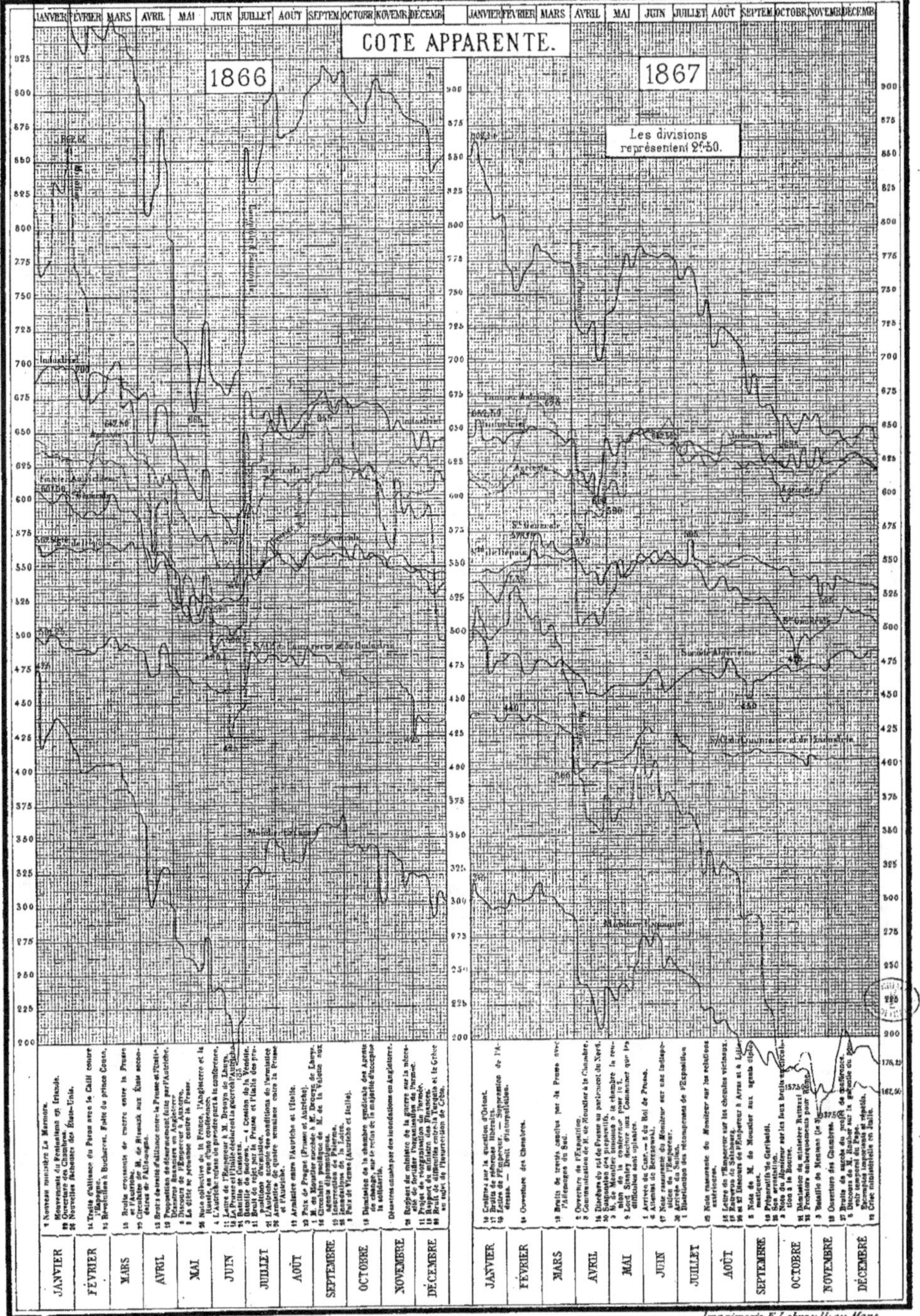

Déposé

Imprimerie E. Lebrault, au Mans.

SOCIÉTÉS DE CRÉDIT.

COMPTOIR D'ESCOMPTE.

1866

1er *février*. — Coupon du 1er semestre 1865-66, 31 fr. 50.

29 *juillet*. — L'assemblée fixe le dividende à 63 fr. 50 et réélit MM. Boissaye, Brassac et Levillain, administrateurs, et M. Forget, censeur.

1er *août*. — Coupon du 2e semestre 1865-66, 32 fr.

8 *décembre*. — Une assemblée extraordinaire approuve le doublement de capital décidé le 23 octobre par le conseil.

31 *décembre*. — Décret approuvant des modifications aux statuts.

1867

15 *janvier-4 février*. — Souscription aux actions nouvelles émises à 635 fr. (dont 125 pour la réserve) et réservées aux anciennes. A verser 125 fr. en souscrivant, le reste en quatre termes semestriels égaux, les 15 mars et 15 septembre, avec intérêts à 5 0/0 jusqu'au 1er janvier 1868.

1er *février*. — Coupon de 32 fr.

30 *juillet*. — L'assemblée fixe le dividende à 57 fr., et réélit MM. Gillet, Laveissière, Niel, administrateurs, et Berthier, censeur; elle nomme M. Thomas en remplacement de M. Sommier, décédé.

1er *août*. — Coupon de 25 fr.

CRÉDIT INDUSTRIEL ET COMMERCIAL.

1866

19 *avril*. — L'assemblée fixe le dividende à 23 fr. 75 et réélit MM. A. Rostand, J. de la Bouillerie et Parent, administrateurs, et M. V. Dillais, censeur.

1er *mai*. — Coupon de 12 fr. 50, solde de 1865.

1er *novembre*. — Coupon de 11 fr., à compte sur 1866.

1867

17 *avril*. — L'assemblée fixe le dividende à 23 fr.; elle réélit MM. Bonnuet-Aubertot et le prince Soltikoff, administrateurs, et nomme MM. A. Baroche, Blin et Louvet; M. Natalis Rondot est réélu censeur.

1er *mai*. — Coupon de 12 fr.

1er *novembre*. — Coupon de 12 fr.

SOCIÉTÉ DE DÉPOTS ET COMPTES COURANTS.

1866

11 *avril*. — L'assemblée fixe le dividende à 11 fr.; elle réélit administrateurs : MM. Maurice Aubray, Gustave de la Hante, Sébastien de Neuville, et censeur : M. le baron de Bonnemains.

1er *mai*. — Solde de 1865, coupon de 5 fr.

1er *novembre*. — A compte sur 1866, coupon de 5 fr.

1867

10 *avril*. — L'assemblée fixe le dividende à 12 fr. 50, elle réélit administrateurs : MM. le vicomte P. de Bussières, Armand Donon, Boitelle et le duc de Valmy, et M. Dalloz, censeur.

1er *mai*. — Coupon de 7 fr. 50.

1er *novembre*. — Coupon de 5 fr.

SOCIÉTÉ GÉNÉRALE

POUR FAVORISER LE DÉVELOPPEMENT DU COMMERCE ET DE L'INDUSTRIE EN FRANCE.

1866

19 *mars*. — L'assemblée fixe le dividende à 16 fr. 12 1/2; elle réélit administrateurs : MM. Blount, Davilliers et Lucy Sédillot, et censeur : M. Kœnigswarter.

1er *avril*. — Solde de 1865, coupon de 13 fr.

1er *octobre*. — A compte sur 1866, coupon de 3 fr. 12 1/2.

1867

5-15 *février*. — Versement de 125 fr.

16 *mars*. — L'assemblée fixe le dividende à 16 fr. 62 1/2, elle réélit administrateurs MM. Denière et Fère, et nomme M. Kœnigswarter en remplacement de M. Parent, décédé. M. Abel Laurent est réélu censeur.

1er *avril*. — Coupon de 13 fr. 50.

1er *octobre*. — Coupon de 5 fr. 60.

SOCIÉTÉ GÉNÉRALE DE CRÉDIT MOBILIER.

1866

1er *janvier*. — Coupon de 25 fr. à compte sur 1866.

1er-12 *février*. — Souscription à 120.000 actions à 516 fr. 66, dont 16 fr. 66 pour la réserve, avec intérêts à 5 0/0 jusqu'au 1er janvier 1867.

12 *février*. — L'assemblée vote le doublement du capital, des modifications aux statuts, la réduction du nombre des administrateurs de 15 à 12 et la création de trois censeurs.

1er *mars*. — Nouvelle assemblée votant les mêmes résolutions.

17 *mars*. — Décret approuvant les modifications des statuts.

19 *mai*. — L'assemblée ordinaire fixe le dividende à 25 fr. (payés le 1er janvier), et réélit administrateurs MM. Michel Chevalier et le baron Renouard de Bussières.

1867

14 *janvier*. — Assemblée qui nomme administrateurs MM. Durrieu et Mussard, en remplacement de MM. Bixio et de Abaroa, décédés.

16 *avril*. — L'assemblée approuve les comptes et réélit MM. Biesta et Mussard, administrateurs.

17 *septembre*. — Démission de MM. Pereire. — MM. de Germiny, de la Hante et Ganneron, administrateurs.

30 *novembre*. — L'assemblée approuve la nomination des trois nouveaux administrateurs.

MOBILIER ESPAGNOL.

1866

1er *janvier*. — Coupon de 30 fr. à compte sur 1866.

20 *juin*. — L'assemblée fixe le dividende à 30 fr. (déjà payés), et nomme administrateurs : MM. le comte de Fuenrubia et Maurice Bixio, en remplacement de MM. de Olea et Alexandre Bixio, décédés.

1867

1er *janvier*. — Coupon de 15 fr. à compte sur 1867.

23 *juin*. — L'assemblée fixe à 15 fr. le dividende dont le montant a été payé en janvier.

CRÉDIT FONCIER D'AUTRICHE.

1866

1er *janvier*. — Coupon de 10 fr. à compte sur l'année 1865.

24 *avril*. — L'assemblée fixe à 27 fr. 50 le dividende pour 20 mois, d'avril 1864 au 31 décembre 1865.

1er *juillet*. — Coupon de 10 fr., solde de 1865.

1867

1er *janvier*. — Coupon de 10 fr.

7-9 *mars*. — Emission de 500.000 obligations domaniales de 300 fr. 5 0/0.

28 *mars*. — L'assemblée fixe le dividende à 25 fr.; elle nomme M. L. Marx, administrateur, en remplacement de M. V. Eder, décédé, et nomme M. A. Wilner, censeur.

1er *juillet*. — Coupon de 15 fr.

SOUS-COMPTOIR DU COMMERCE ET DE L'INDUSTRIE.

1866

28 *mars*. — L'assemblée extraordinaire fixe le dividende à 8 fr. et approuve certaines modifications aux statuts; elle nomme administrateurs : MM. le vicomte Benoist d'Azy, Dehaynin, Drouin et Gauchier.

1er *avril*. — Coupon de 4 fr., solde de 1865.

1er *octobre*. — Coupon de 2 fr. 50 à compte sur 1866.

1867

18 *avril*. — L'assemblée vote des modifications aux statuts. Il n'est rien distribué le 1er avril, et la perte est évaluée à 32 fr. par action. M. H. Teyssier est nommé administrateur en remplacement de M. Rey de Foresta, et M. de la Bouillerie, Gros-Hartmann, Rolland et Rostang sont réélus.

(Voir, pour la Société algérienne et le Crédit agricole, le verso de la feuille 4.)

Le Mans. — Typ. Ed. Monnoyer. — Août 69.

CHEMINS de FER FRANÇAIS.

ACTIONS DES SIX GRANDS RÉSEAUX.

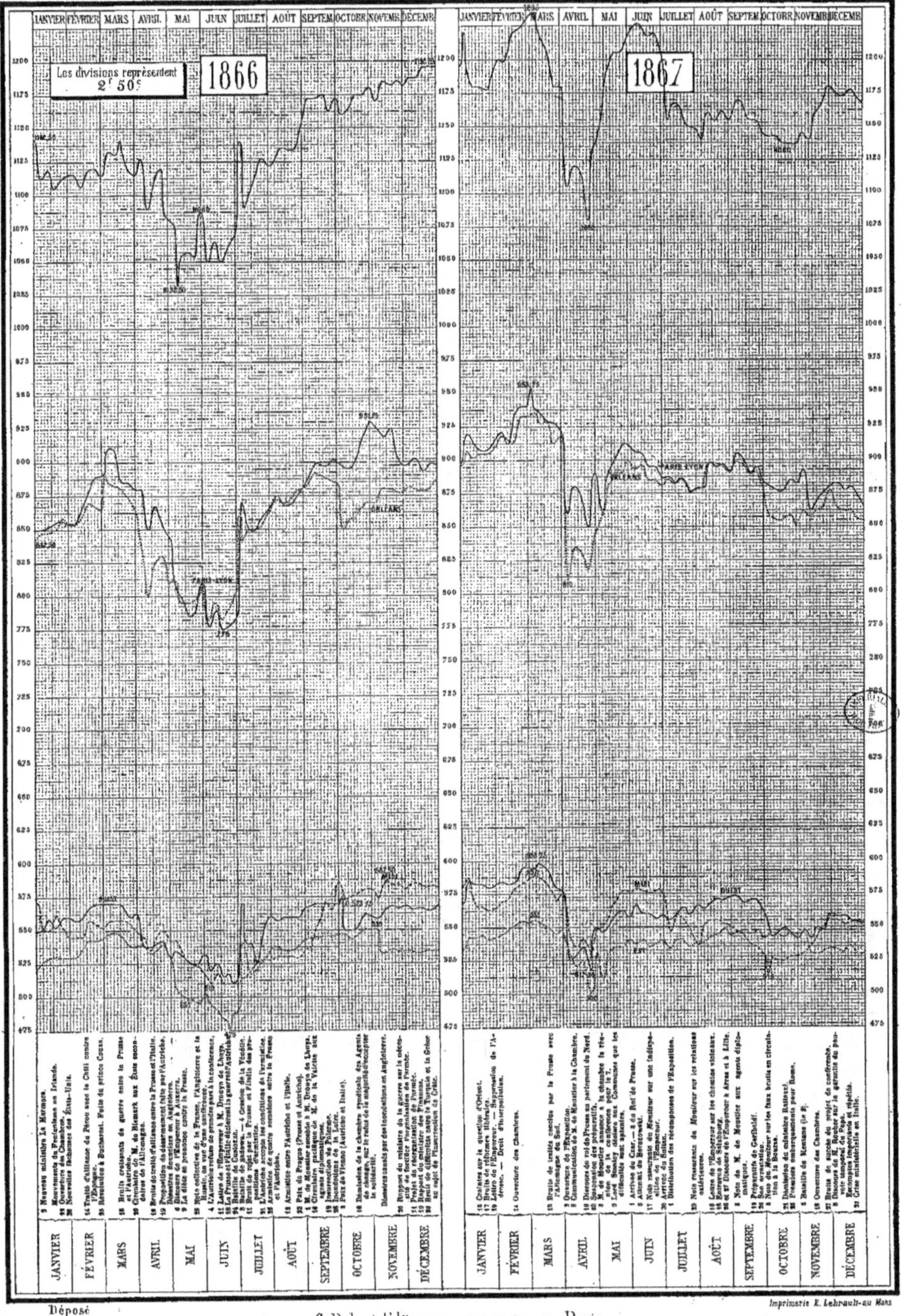

C. Robert, Éditeur, Rue de la Victoire 45. Paris.

Imprimerie E. Lebrault, au Mans

CHEMINS DE FER FRANÇAIS

LES SIX GRANDS RÉSEAUX

EST.

1866

23 *Janvier.* — Tirage de 4.053 obligations à rembourser le 1er juin.
28 *Avril.* — L'assemblée fixe le dividende à 33 fr. et réélit administrateurs MM. le général Noizet, Weguelin, Touchard, A. de Rothschild et G. de Rothschild.
1er *Mai.* — Solde du dividende 1865, coupon de 13 francs.
18 *Octobre.* — Tirage de 890 actions à amortir le 1er janvier 1867.
1er *Novembre.* — A compte sur 1866, coupon de 20 francs.
Obligations émises pendant l'année, 71.829.

1867

24 *Janvier.* — Tirage de 4.175 obligations.
27 *Avril.* — L'assemblée fixe le dividende à 33 francs et réélit administrateurs MM. le duc de Galliera, Crevandier de Valdrome, Dariste Perdonnet, et Berthier.
1er *Mai.* — Coupon de 13 francs, solde de 1866.
17 *Octobre.* — Tirage de 923 actions.
1er *Novembre.* — Coupon de 20 francs, à compte sur 1867.
Obligations émises pendant l'année, 72.139.

PARIS-LYON-MÉDITERRANÉE.

27 *Avril.* — L'assemblée fixe le dividende à 60 francs et réélit administrateurs MM. Godin, Hély d'Oissel, A. Revenaz et le baron G. de Rothschild. M. O. Galline est nommé en remplacement de M. Enfantin, décédé.
1er *Mai.* — Coupon de 35 francs solde du dividende de 1865.
1er *Novembre.* — Coupon de 20 francs à compte sur 1866.
23 *Novembre.* — Tirage de 7.329 obligations à amortir le 1er janvier 1867.
Obligations émises pendant l'année 427.855, 8/12.
Une convention du 9 juillet concède à la Compagnie le réseau de Savoie au prix de 45.000.000 payables en quatre-vingt-neuf annuités de 2.279.650.

29 *Avril.* — L'assemblée fixe le dividende à 60 francs, et réélit administrateurs MM. Al. Leroux, de Monicault, Réal, Schneider, Teisserenc.
1er *Mai.* — Coupon de 25 fr. solde de 1866.
30 *Août.* — Tirage de 1.270 obligations, émission de 1866, à amortir le 1er octobre.
1er *Novembre.* — Coupon de 20 francs à compte sur 1867.
12 — — Tirage de 7.750 obligations.
Obligations émises pendant l'année, 330.519 6/12.

MIDI.

1er *Janvier.* — Coupon de 20 francs.
23 *Avril.* — L'assemblée fixe le dividende à 40 francs et réélit administrateurs MM. E. Pereire, duc de Galliera et Bischoffsheim.
26 *Avril.* — Tirage de 3.256 obligations à amortir le 1er juillet.
1er *Juillet.* — Coupon de 20 francs solde du dividende.
Les obligations émises pendant l'année sont au nombre de 70.000.

1er *Janvier.* — Coupon de 20 francs.
23 *Avril.* — L'assemblée fixe le dividende à 40 francs et réélit administrateurs MM. Baduel, Ciriel et Thurneyssen.
1er *Juillet.* — Coupon de 20 francs.
Il n'a été émis aucune obligation pendant l'année.

NORD.

1er *Janvier.* — Coupon de 25 francs.
30 *Avril.* — L'assemblée fixe le dividende à 71,50 et réélit administrateurs MM. Hottinguer, Marc Gaillard, le marquis Dalon, Michel Poizat et le comte Ch. de Germiny.
1er *Mai.* — Tirage de 248 actions et de 4.421 obligations à rembourser le 1er juillet.
1er *Juillet.* — Coupon de 46 fr. 50 solde du dividende.
Obligations émises pendant l'année, 53.106.

1er *Janvier.* — Coupon de 25 francs.
24 *Avril.* — L'assemblée fixe le dividende à 70 francs et réélit administrateurs MM. Delebecque, le duc de Galliera, Al. Adam, le baron A. de Rothschild et le baron de Soubeyran.
25 *Avril.* — Tirage de 238 actions et 4.172 obligations.
1er *Juillet.* — Coupon de 43 francs.
Obligations émises pendant l'année, 96.374.

ORLÉANS.

28 *Mars.* — L'assemblée fixe le dividende à 50 francs et réélit administrateurs MM. Barry, Benoist d'Azy, Gaillard, Cochin et Dufour.
1er *Avril.* — Coupon 36 francs solde du dividende de 1865.
11 *Décembre.* — Tirage de 771 actions de 1852, 792 de 1862, ensemble 1.563 et 6.905 obligations à rembourser le 1er janvier.
Obligations émises pendant l'année, 266.903.

28 *Mars.* — L'assemblée fixe le dividende à 56 francs et réélit administrateurs MM. Békat, Durand, de Fougères, Lacroix Saint-Pierre et Marc.
1er *Avril.* — Coupon de 36 francs solde de 1866.
10 *Octobre.* — Coupon de 20 francs à compte sur 1867.
10 *Décembre.* — Tirage de 794 actions de 1853, 816 de 1862, ensemble 1.610, et 8.032 obligations.
Obligations émises pendant l'année, 170.894.

OUEST.

31 *Mars.* — L'assemblée fixe le dividende à 37,50 et réélit administrateurs MM. le comte de Kersaint, Alex. Gervais, Alf. Dailly ; elle nomme M. A. Barrot en remplacement de M. Stouam décédé, et M. le comte Welles de la Valette en remplacement de M. E. Pereire, démissionnaire.
1er *Avril.* — Coupon de 17,50 solde du dividende de 1865.
7 *Juin.* — Tirage de 3.931 obligations à amortir le 1er juillet.
10 *Octobre.* — Coupon de 20 francs à compte sur 1866.
6 *Décembre.* — Tirage de 573 actions à amortir le 1er janvier 1867.
Obligations émises pendant l'année 193.946.

27 *Mars.* — L'assemblée fixe le dividende à 35 fr. et réélit administrateurs MM. Alf. Leroux, P. Benoist d'Azy, H. de l'Espée, Ed. Rodrigues.
1er *Avril.* — Coupon de 17,50 solde du dividende de 1866.
25 *Avril.* — Tirage de 6.496 obligations à amortir le 1er juillet.
1er *Octobre.* — Coupon de 17,50 à compte sur 1867.
5 *Décembre.* — Tirage de 594 actions.
Obligations émises pendant l'année, 170.583.

Le Mans. — Typ. Ed. Monnoyer. — Mars 68.

CHEMINS DIVERS.

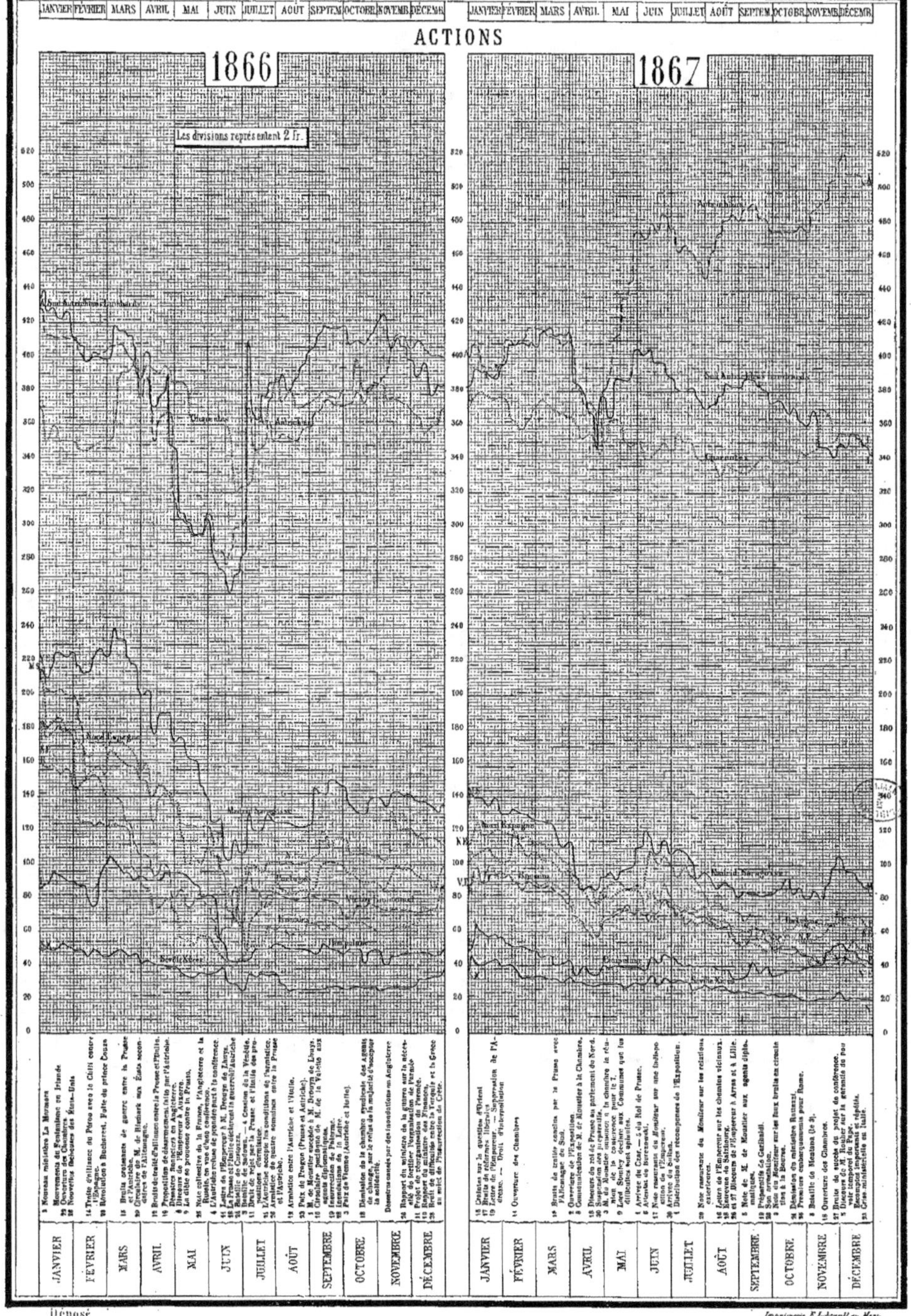

C. Robert Éditeur, Rue de la Victoire 45, Paris.

CHEMINS DIVERS (ACTIONS)

AUTRICHIENS

1866

1er *janvier.* — Coupon de 12 fr. 50, à compte sur 1865.
6 *janvier.* — Les obligations disparaissent de la cote pour éviter le payement des droits de timbre.
30 *mai.* — L'assemblée fixe le dividende à 25 francs; elle nomme administrateurs : M. le comte H. Zichy, en remplacement du baron Jean de Sina; M. H. Mossard, en remplacement de M. Salvador, et réélit : MM. le baron de Doblhof-Dier, le baron Trenck de Tonder et I. Pereire.
1er *juillet.* — Coupon de 12 fr. 50, solde de 1866.
1er *décembre.* — Décret approuvant une nouvelle concession et prolongeant de 18 ans la durée de concession de l'ancien réseau (1er janvier 1966).
7 *décembre.* — Tirage de 371 actions, à amortir le 1er janvier 1867.

1867

1er *janvier.* — Coupon de 12 fr. 50.
février. — Souscription publique de 150.000 obligations de 500 fr. 3 0/0 à 225 fr.
3 *juin.* — L'assemblée fixe le dividende à 25 fr. et réélit administrateurs : MM. le baron de Seiller, le chevalier de Mavban, le duc de Galliera et E. Pereire. Elle autorise l'élévation du capital et détermine les conditions de validité des assemblées.
20-25 *juin.* — Dernier versement de 100 fr. par action.
1er *juillet.* — Coupon de 22 fr. 50.
6 *décembre.* — Tirage de 389 actions.

SUD-AUTRICHIENS-LOMBARDS

1866

29-31 *janvier.* — Souscription à 300.000 bons de 500 fr. 6 0/0 à 405 fr., remboursables par tirages semestriels de 1870 à 1874.
18 *avril.* — L'assemblée fixe le dividende à 37 fr. 50.
1er *mai.* — Coupon de 17 fr. 50, solde de 1865.
30 *juin.* — Décret approuvant une convention nouvelle pour concession de divers embranchements. Le point de départ de concession est reporté au 1er janvier 1870 et la durée des concessions prolongée à 99 ans.
1er *novembre.* — Coupon de 20 fr., à compte sur 1866.
3-8 *décembre.* — Souscription à 180.000 bons remboursables, 90.000 le 1er septembre 1875 et 90.000 le 1er septembre 1876. Les premiers émis à 412 fr. 50 et les second à 405 fr.
19 *décembre.* — Tirage de 5.166 obligations remboursables le 1er janvier 1867.

Émis au 31 décembre, 1.909.943 obligations et 232.000 bons.

1867

30 *avril.* — L'assemblée fixe le dividende à 37 fr. 50; elle réélit administrateurs : MM. Westenholz, le chevalier de Goldschmitt, le baron de Burg, le baron de Langsdorf, Blount, Bignami et Landau.
1er *mai.* — Coupon de 17 fr. 50.
1er *novembre.* — Coupon de 20 francs.
16 *décembre.* — Tirage de 5.320 obligations.

Émis au 31 décembre, 1.916.881 obligations et 457.705 bons.

CHARENTES

1866

1er *février.* — Coupon de 8 fr. 12, intérêts des sommes versées.
29 *avril.* — Arbitrage déclarant MM. les fils de Guilhou jeune, débiteurs de 3.441.334 fr. 28.
30 *avril.* — L'assemblée approuve les comptes et nomme administrateurs : MM. Paul Firino, Yzoard, A. Sazerac de Forge, en remplacement de MM. de Saulcy, Numa Guilhou et Jacques Guilhou.
20 *juillet.* — Tirage de 27 obligations, à amortir le 1er octobre.
1er *août.* — Coupon d'intérêt de 8 fr. 12.
15 *octobre*-30 *novembre.* — Souscription à 35.000 obligations de 500 fr. 3 0/0 à 270 fr., remboursables en 99 ans.

Les obligations émises au 31 décembre sont au nombre de 19.542.

1867

1er *février.* — Coupon de 8 fr. 12.
15 *avril.* — Ouverture de la première section de Rochefort à Saintes.
27 *avril.* — L'assemblée approuve les comptes et nomme administrateur M. de la Guéronnière, en remplacement de M. Lauxeroix, démissionnaire.
31 *mai.* — Ouverture de la section de Rochefort à Cognac.
15-30 *juin.* — Versement de 75 francs sur les actions.
20 *juillet.* — Tirage de 84 obligations.
15 *octobre.* — Ouverture du tronçon d'Angoulême à Cognac.

Obligations émises pendant l'année, 23.861.

VICTOR-EMMANUEL

1866

1er *janvier.* — A compte sur 1865, coupon de 15 francs.
12 *avril.* — L'assemblée générale extra-statutaire émet le vœu que le gouvernement français hâte la décision pour le rachat de la section du Rhône et que le gouvernement italien adoucisse les conditions de la concession des Calabres.
21 *mai.* — L'assemblée approuve les comptes et nomme M. le comte Vimercati administrateur.
9 *juin.* — Convention pour le rachat du réseau du Rhône au prix de 45.000.000 de francs en quatre-vingt-neuf annuités.
15 *octobre.* — Tirage d'obligations, à amortir le 1er janvier. Anciennes 238. — Nouvelles 1.116.
2 *novembre.* — L'assemblée approuve la convention du 16 octobre avec le gouvernement italien.

1867

9 *février.* — L'assemblée approuve la convention pour le rachat de la section du Rhône et nomme administrateurs MM. de Simencourt et Archinto.
28 *mai.* — L'assemblée approuve les comptes.
9 *août.* — L'assemblée refuse de voter le rachat.
21 *septembre.* — L'assemblée vote le rachat.
15 *octobre.* — Tirage d'obligations.
235 anciennes et 1.149 nouvelles.

MADRID-SARAGOSSE-ALICANTE

1866

10 *juin.* — L'assemblée approuve les comptes et réélit administrateurs : MM. Blount, Zaragoza, A. de la Gandara et Bauer.
17 *décembre.* — Tirage de 1.960 obligations.
Obligations émises pendant l'année, 8.698.

1867

26 *mai.* — L'assemblée approuve les comptes et réélit administrateurs : MM. Llorente, Poisat, Weisweiler et Teisserenc de Bort.
13 *décembre.* — Tirage de 2.008 obligations.
Il n'a été émis aucune obligation pendant l'année.

SARAGOSSE-PAMPELUNE

1866

20 *mai.* — Première assemblée commune qui renouvelle en entier le conseil, composé de neuf membres pour le comité de Madrid, sept pour celui de Paris et huit pour celui de Barcelonne.

1867

16 *juin.* — L'assemblée approuve les comptes.

NORD-ESPAGNE

1866

13 *mars.* — Tirage de 1.273 obligations à amortir le 1er avril.
20 *juin.* — L'assemblée approuve les comptes et nomme administrateurs : MM. le duc de la Torre et Fourmel, en remplacement de MM. de Olea et Bixio, décédés.

1867

15 *mars.* — Tirage de 1.311 obligations.
21 *juin.* — L'assemblée approuve les comptes.

SÉVILLE-XÉRÈS-CADIX

1866

30 *juin*-1er *juillet.* — L'assemblée approuve les comptes, accorde un délai à MM. Guilhou pour la garantie du capital et nomme administrateurs : MM. Leroy de Saint-Arnauld, le baron Brenier et de Birague d'Apremont.

1867

4 *janvier.* — Ordonnance annulant la concession de la ligne de Séville à Merida.
25 *mars.* — Assemblée extra-statutaire approuvant un projet de transaction.
30 *juin*-4 *juillet.* — L'assemblée accorde un délai de cinq ans à MM. Guilhou et nomme administrateurs : MM. Furtado, Encenillas, Miranda, Avecilla et Burgalat.
8 *octobre.* — Décret suspendant le payement du coupon.
13 *octobre.* — Décret ordonnant le payement à tous les obligataires sans distinction.

ROMAINS

1866

1er *juillet.* — L'intérêt des obligations est suspendu.
23 *août.* — L'assemblée approuve les comptes.
11 *octobre.* — Convention avec le gouvernement italien qui met à la disposition de la compagnie une somme de 30.000.000 de francs.

1867

15 *janvier.* — Le payement de l'intérêt des obligations entrepris par séries.

L'assemblée est ajournée pour être en mesure d'approuver les traités de fusion avec les compagnies toscanes.

PORTUGAIS

1866

1er *janvier.* — Coupon de 15 francs à compte sur 1866.
21 *juin.* — L'intérêt des obligations est ajourné et celui des actions suspendu.
12 *novembre.* — L'assemblée approuve les comptes et réélit administrateurs : MM. J. Coghen, J. de la Fuente, J. de la Gandara, A. Llorente, et approuve la nomination de M. Darguy, en remplacement de M. Chatelus.

1867

9 *décembre.* — L'assemblée approuve les comptes et réélit administrateurs : MM. Boldan, Zaragoza, Blount et le vicomte de Paiva, et confirme le choix de M. Osborne Sampayo, en remplacement de M. J.-R. Blanco.

CHEMINS FRANÇAIS.

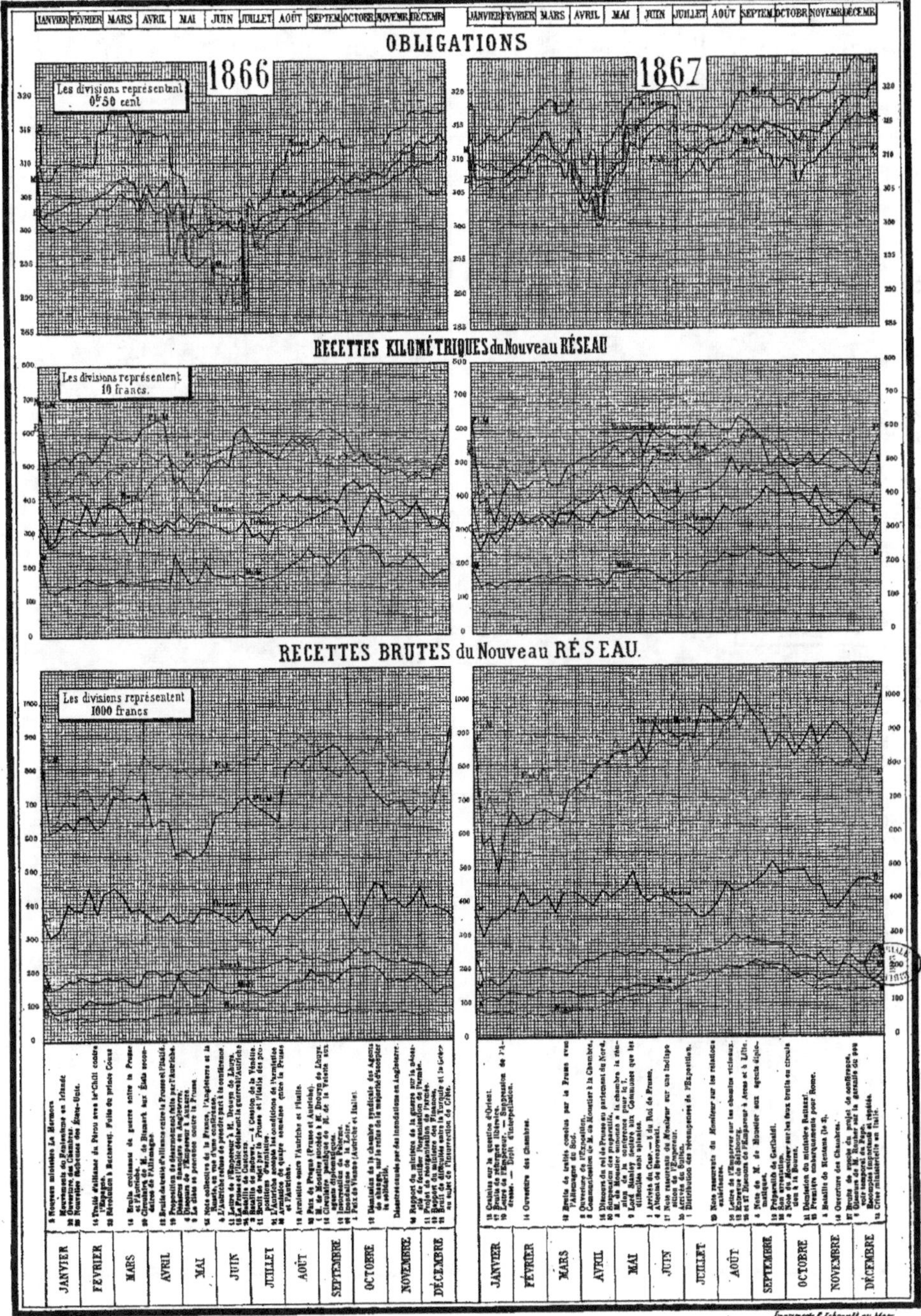

C. Robert Editeur, Rue de la Victoire 45, Paris.

CHEMINS FRANÇAIS.

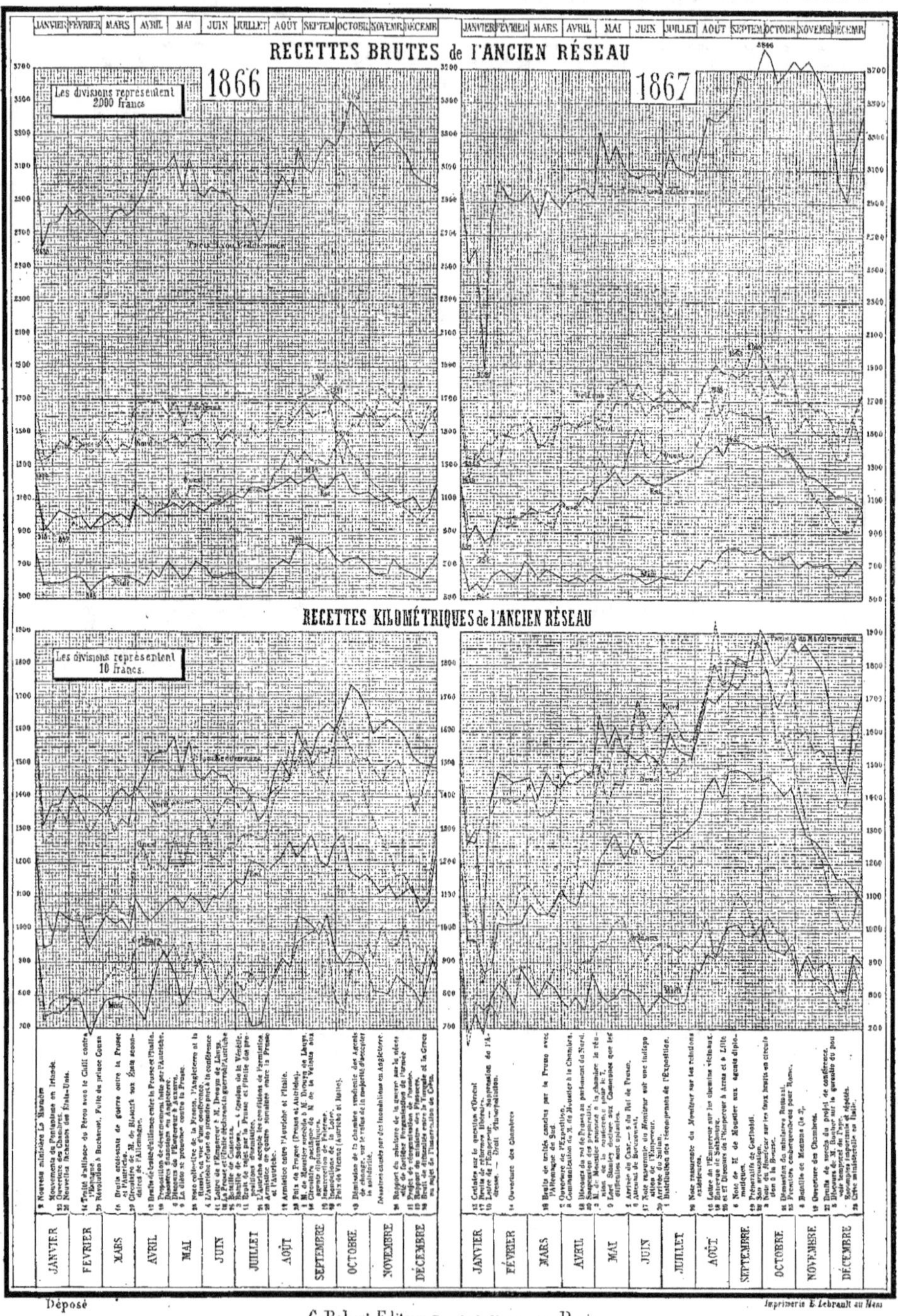

Déposé

C. Robert, Éditeur, Rue de la Victoire 45. Paris.

Imprimerie E. Lebrault au Mans

CHEMINS DIVERS.

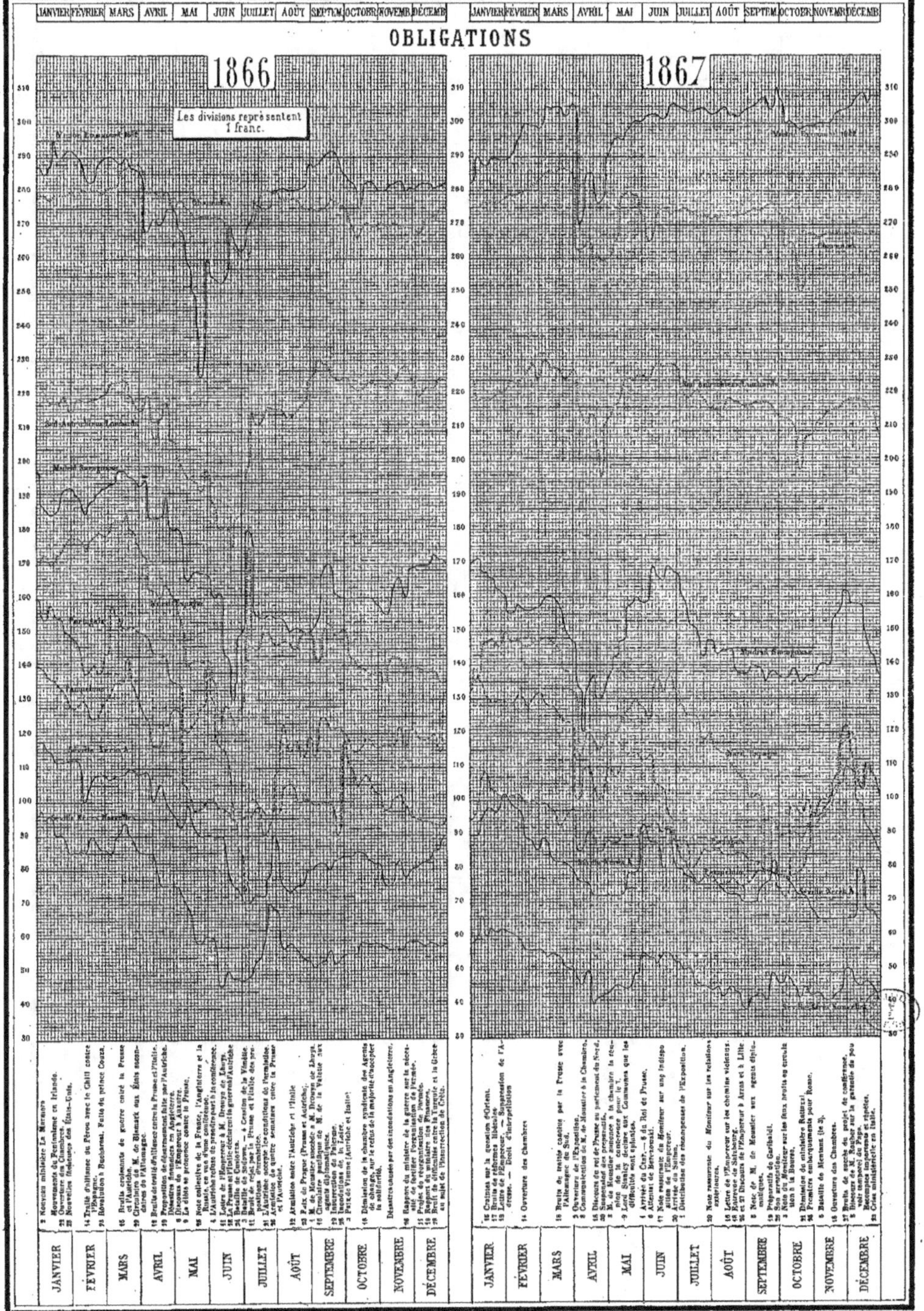

C. Robert Editeur, Rue de la Victoire 45, Paris.

Imprimerie E. Lebrault au Mans.

SOCIÉTÉS DE CRÉDIT.

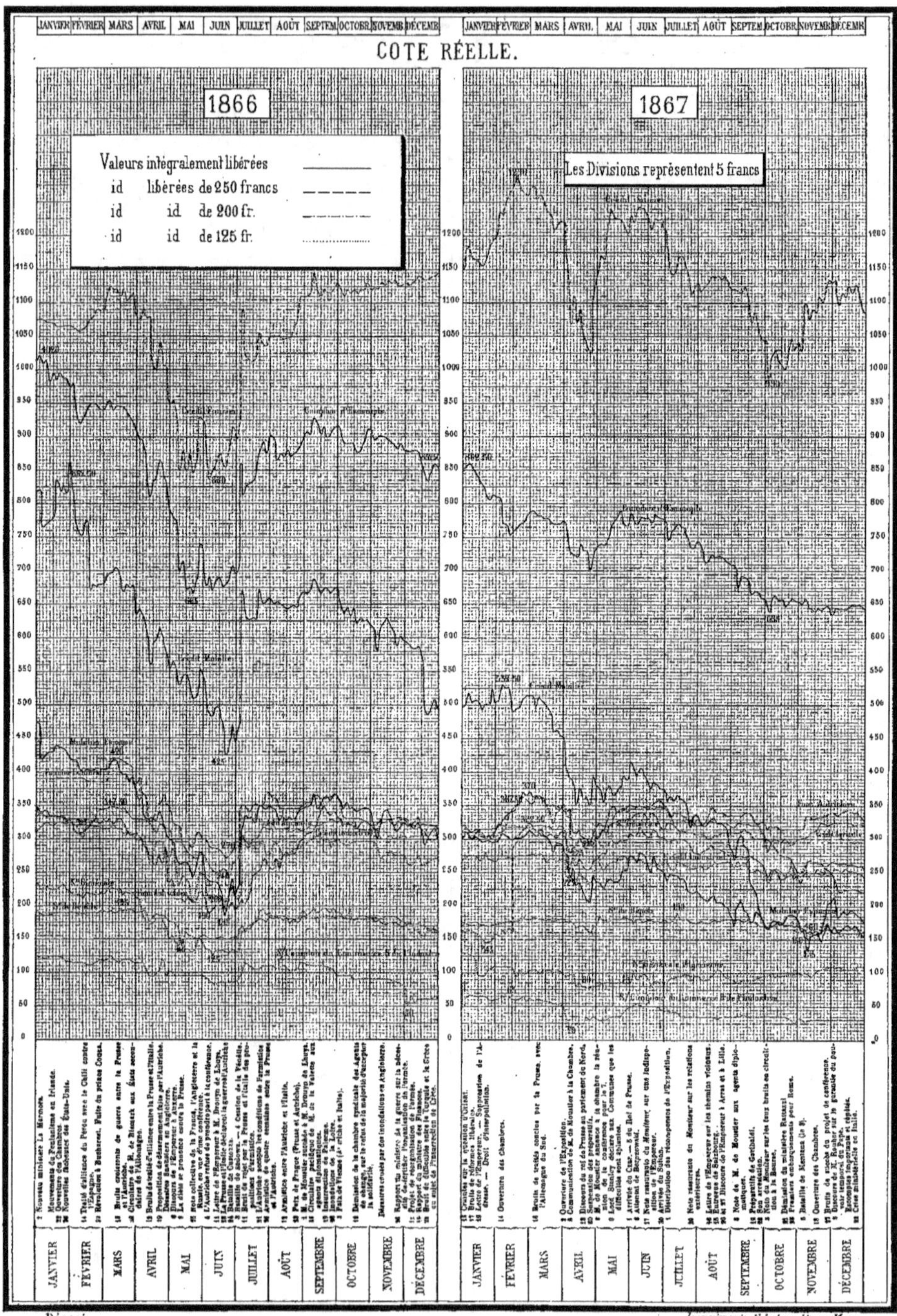

VALEURS DIVERSES.

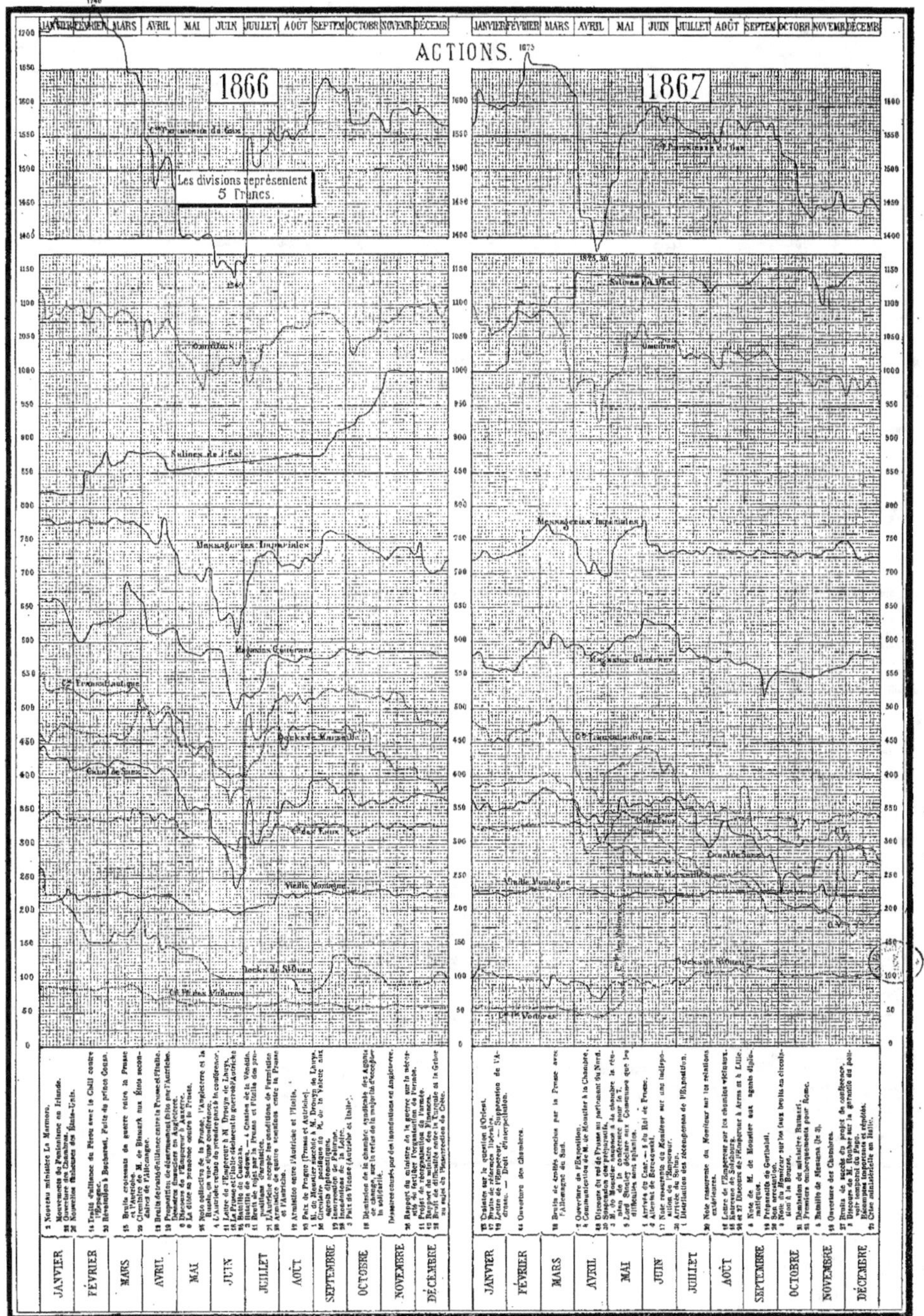

C. Robert Editeur, Rue de la Victoire 45. Paris.

S. A. — F. 10.

VALEURS DIVERSES (Actions)

1866	1867

CANAL MARITIME DE SUEZ

1866	1867
1er janvier. — Coupon de 10 fr. (intérêts).	1er janvier. — Coupon de 12 fr. 50.
22 février. — Convention par laquelle la Compagnie rétrocède la seconde partie du canal d'eau douce. Les 84.000.000 de francs dus par le Vice-Roi seront payés en même temps que le dernier appel sur les actions et les 10.000.000 du domaine de Ouady dans certaines conditions.	1er juillet. — Coupon de 12 fr. 50.
1er juillet. — Coupon de 10 fr. (intérêts).	1er août. — L'Assemblée approuve les comptes et autorise un emprunt de 100.000.000 de francs.
1-15 juillet. — Dernier versement, 100 francs.	26-30 septembre. — Souscription à 333.333 obligations de 500 fr. 3 0/0 à 300 fr. intérêts 25 fr., les 1er avril et 1er octobre.
1er août. — L'Assemblée approuve les comptes.	Remboursement en cinquante années par voie de tirages au sort trimestriels.

MESSAGERIES IMPÉRIALES

1866	1867
31 mai. — L'Assemblée approuve les comptes, fixe le dividende à 50 francs et nomme M. O. Galline, administrateur et M. Maisonhaute, administrateur adjoint.	31 mai. — L'Assemblée fixe le dividende à 30 fr. et approuve la nomination de M. Béhic, comme président du Conseil d'administration.
1er juin. — Coupon de 30 fr., solde du dividende de 1865.	1er juin. — Coupon de 30 francs.
23 août. — Décret approuvant les modifications aux statuts.	1er décembre. — Coupon de 20 francs.
1er décembre. — Coupon de 20 fr., à compte sur 1866.	19 décembre. — L'Assemblée procède au renouvellement intégral du Conseil : 12 administrateurs et 4 administrateurs adjoints. M. Girette, adjoint, remplace M. Soufflot, administrateur en chef, démissionnaire.

COMPAGNIE GÉNÉRALE DES VOITURES

1866	1867
29 mars. — Sentence arbitrale allouant pendant 47 années une subvention de 360.000 francs à payer par la ville pour suppression du privilège.	20 mars. — L'Assemblée approuve les comptes, autorise un emprunt de 4.000.000 de francs et le payement du bon éventuel de 0 fr. 91 délivré en 1863; elle réélit MM. A. Chevalier, Génissieu et de Guntz.
23 mai. — Décret proclamant la liberté de l'industrie des voitures.	23 avril. — Payement du bon de 0 fr. 91.
29 mai. — L'Assemblée fixe le dividende à 5 francs, approuve la nouvelle convention avec la ville de Paris et réélit MM. Barbier Sainte-Marie, Boncompagne et Malpas-Ducuë membres du Conseil de surveillance.	1-15 mai. — Échange des actions anciennes contre les nouvelles.
3 juin. — Coupon de 5 francs.	4 novembre. — Coupon de 12 fr. 50, à compte sur 1867.
5 août. — Décret transformant la Compagnie en Société anonyme sous le nom de Compagnie générale des voitures de Paris. Cinq parts anciennes sont échangées contre une nouvelle.	
27 août. — Assemblée approuvant la forme anonyme.	

ENTREPOTS ET MAGASINS GÉNÉRAUX

1866	1867
1er janvier. — Coupon de 15 francs, solde de 1864.	1er janvier. — Coupon de 15 francs.
21 mars. — L'Assemblée fixe le dividende à 30 francs et réélit administrateurs MM. Cibiel, Darblay, Mussard et Raimbeaux.	30 mars. — L'Assemblée fixe le dividende à 50 fr. et réélit administrateurs MM. Fremy, Griexinger, Salvador et E. Flachat; elle nomme M. G. Tribault en remplacement de M. Fould, démissionnaire.
26 mai. — Tirage de 201 actions à amortir le 1er juillet.	23 mai. — Tirage de 211 actions.
1er juillet. — Coupon de 15 francs, à compte sur 1865.	1er juillet. — Coupon de 25 francs.

CHEMIN DE FER ET DOCKS DE SAINT-OUEN

1866	1867
29 mars. — L'Assemblée approuve les comptes.	1er mai. — L'Assemblée approuve les comptes; elle réélit administrateurs MM. Rambaud-Bovet, d'Ivernois et nomme MM. Veyrac et Montefiore pour compléter le conseil.
	10 juillet. — Décret autorisant la Société à ouvrir un magasin général et une salle de ventes publique avec faculté d'entrepôt fictif.

DOCKS ET ENTREPOTS DE MARSEILLE

1866	1867
30 avril. — L'Assemblée fixe le dividende à 30 francs et réélit MM. E. Estrangin, Ch. Mallet, A. Simons, administrateurs.	30 avril. — L'Assemblée fixe le dividende à 18 fr., autorise l'émission d'une seconde série de 40.000 obligations de 500 fr. 3 0/0 et réélit administrateurs MM. Dumon, Durand et Rostand.
1er mai. — Coupon de 17 fr. 50, solde de 1865 (1re série).	1er mai. — Coupon de 10 francs.
14 juillet. — Décret autorisant la compagnie à emprunter par voie hypothécaire 2.500.000 francs.	1er novembre. — Coupon de 7 francs.
1er novembre. — Coupon de 8 francs, à compte sur 1866 (1re série).	

SALINES DE L'EST

1866	1867
31 mars. — L'Assemblée fixe le dividende à 80 francs.	29 mars. — L'Assemblée fixe le dividende à 100 fr.
15 avril. — Coupon de 55 francs, solde de 1865.	15 avril. — Coupon de 75 francs.
15 octobre. — Coupon de 25 francs, à compte sur 1866.	15 octobre. — Coupon de 25 francs.

MINES DE LA VIEILLE-MONTAGNE

1866	1867
21 avril. — L'Assemblée fixe le dividende à 18 francs et réélit M. Biesta administrateur.	13 avril. — L'Assemblée fixe le dividende à 18 francs; elle réélit administrateur M. Mussard et nomme M. Mosselmann.
10 mai. — Coupon de 9 francs, solde de 1865.	10 mai. — Coupon de 9 francs.
10 novembre. — Coupon de 9 francs, à compte sur 1866.	10 novembre. — Coupon de 9 francs.
3 décembre. — 1er tirage, 575 obligations à amortir le 1er janvier.	2 décembre. — 2e tirage, 604 obligations.

COMPTOIR CENTRAL DE CRÉDIT. — E. NAUD ET COMPAGNIE

1866	1867
17 février. — L'Assemblée approuve les comptes, la prorogation jusqu'à 1880 et des modifications aux statuts. Elle réélit MM. Balagny, Hamelin, Heudier, Malpas-Ducué et le vicomte de Naylies, administrateurs.	16 février. — L'Assemblée approuve les comptes.
20 février. — Coupon, 1 fr. 50.	1er mars. — Coupon, 1 fr. 50.

CAISSE GÉNÉRALE DES CHEMINS DE FER

1866	1867
20 mars. — Arrêt de la cour de Paris, qui nomme M. Mirès liquidateur en remplacement de MM. Bordeaux et Richardière.	20 mars. — Arrêt de la cour de Paris confirmant les résolutions de l'Assemblée de 1866.
10 avril. — L'Assemblée approuve les propositions de M. Mirès.	

Nota. — Pour la Compagnie Immobilière, la Compagnie Transatlantique, la Compagnie Parisienne du Gaz, les Omnibus de Paris, et la Compagnie des Eaux, voir la feuille n° 11.

Le Mans. — Typ. Ed. Monnoyer. — Août 69.

VALEURS DIVERSES.

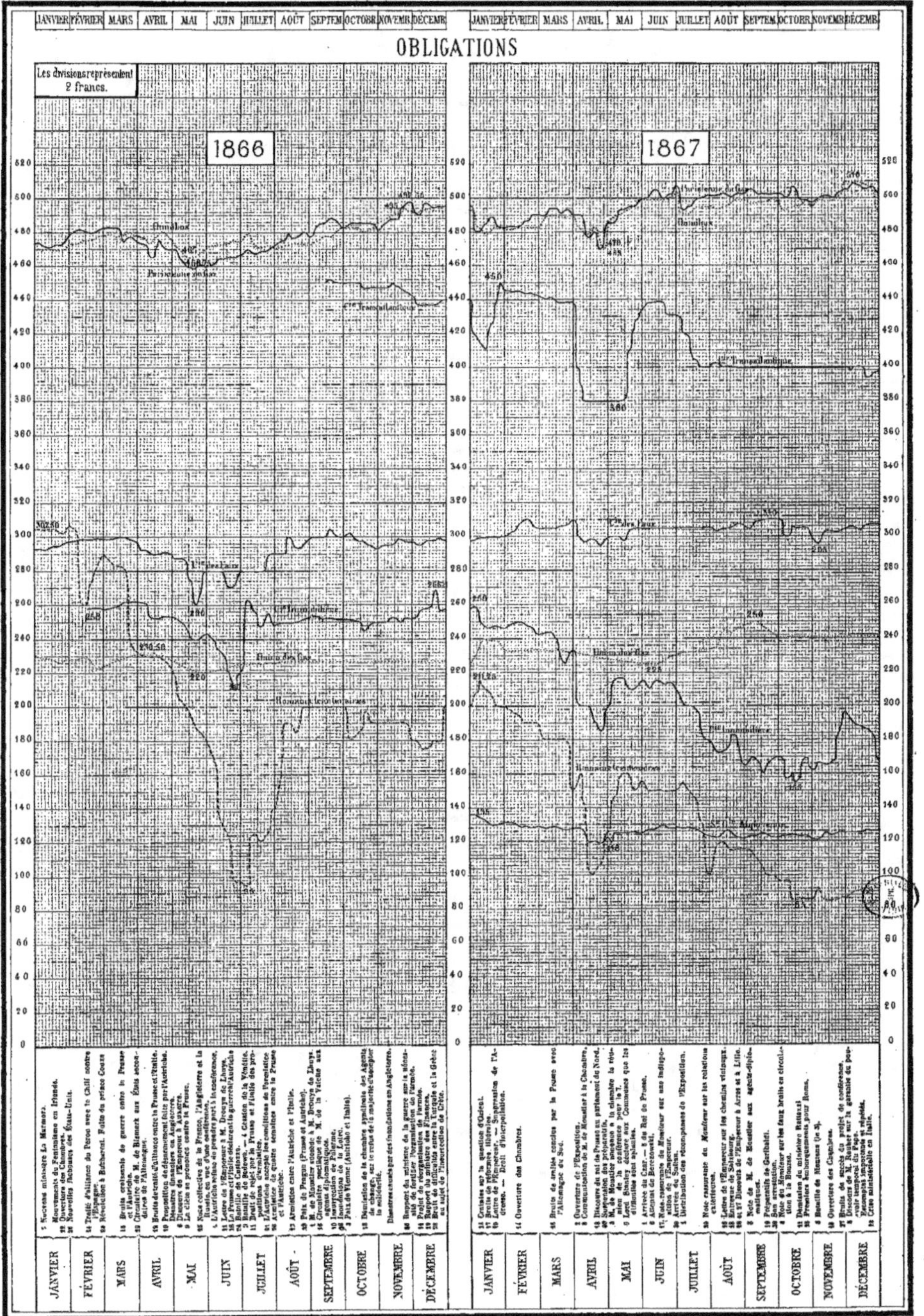

Déposé

Imprimerie E. Lebrault au Mans.

C. Robert Éditeur, Rue de la Victoire 45. Paris.

VALEURS DIVERSES (Obligations).

1866 — COMPAGNIE IMMOBILIÈRE. — 1867

1866

1er *janvier.* — Coupon de 12 fr. 50, à compte sur 1865.

28 *avril.* — L'Assemblée fixe le dividende à 37 fr. 50, autorise un emprunt de 80.000.000 de francs en plusieurs émissions, et nomme administrateur M. J. Saladin.

28 *juin.* — Tirage de 599 obligations à amortir le 1er juillet.

1er *juillet.* — Coupon de 25 fr., solde de 1865.

1867

1er *janvier.* — Coupon de 12 fr. 50.

30 *avril.* — L'Assemblée fixe le dividende à 12 fr. 50 (déjà payés), et approuve des modifications aux Statuts.

23 *juin.* — Tirage de 618 obligations.

23 *septembre.* — Décret approuvant des modifications aux statuts.

11 *octobre.* — Décret nommant M. de Germiny président du Conseil d'administration.

31 *décembre.* — L'Assemblée approuve les modifications des Statuts et confirme les pouvoirs de MM. H. Biesta, V. Cibiel, Darblay, A. Delahante, Dolfus, H. Durrieu, C. Rodrigues, J. Saladin et A. Thurneyssen.

234.000 obligations de 500 fr. 3 0/0, remboursables en 90 ans par voie de tirage au sort.
Intérêts : 15 fr., en deux coupons de 7 fr. 50, le 1er janvier et le 1er juillet.

COMPAGNIE PARISIENNE DU GAZ.

1866

17 *mars.* — L'Assemblée fixe le dividende à 105 fr. Elle réélit MM. Biesta, V. Dubochet, Preschez, I. Pereire, administrateurs, et nomme M. Duval en remplacement de M. Bixio, décédé.

7 *avril.* — Coupon de 80 fr., solde de 1865.

20-30 *avril.* — Souscription à 15.820 obligations (solde de l'emprunt de 16.000.000) de 500 fr. 5 0/0, émises à 450, dont 250 du 1er au 10 avril et 200 du 1er au 10 octobre.

1er *octobre.* — Coupon de 25 fr. à compte sur 1866.

29 *décembre.* — 6e tirage de 646 obligations à amortir le 2 janvier 1867.

1867

29 *mars.* — L'Assemblée fixe le dividende à 110 fr., et réélit administrateurs : MM. Doazan, Dubochet Jacques et Duval.

6 *avril.* — Coupon de 83 fr.

6 *octobre.* — Coupon de 25 fr.

28 *décembre.* — 7e tirage de 679 obligations.

Obligations remboursables en 45 ans à partir de 1806, par voie de tirage au sort en décembre.
Intérêts : 25 fr. en deux coupons, le 1er janvier et le 1er juillet.

COMPAGNIE TRANSATLANTIQUE.

1866

1er *janvier.* — Coupon de 25 fr.

26 *avril.* — L'Assemblée fixe le dividende à 45 fr.

26 *juin.* — Tirage de 604 obligations à amortir le 1er juillet.

27 *juin.* — Vote de la convention du 16 mars pour l'établissement d'une ligne de la Havane à la Nouvelle-Orléans, et d'une autre de Port-de-France à Porto-Cabello moyennant subventions mensuelles de 131.156 francs et 64.017 francs.

1er *juillet.* — Coupon de 20 francs.

20-23 *août.* — Émission à 450 francs de 30.273 obligations de 500 francs 5 0/0. A verser en trois termes égaux, en souscrivant, le 20 septembre et le 20 décembre.

1867

1er *janvier.* — Coupon de 15 fr.

15 *avril.* — L'Assemblée fixe le dividende à 35 fr. et réélit administrateurs : MM. Biesta, le baron Sellière, E. Pereire et Rhoné.

28 *juin.* — Tirage de 634 obligations.

1er *juillet.* — Coupon de 20 fr.

Les obligations remboursables en 25 ans produisent 25 fr. d'intérêts en deux coupons de 12 fr. 50, le 1er janvier et le 1er juillet.

OMNIBUS DE PARIS.

1866

1er *janvier.* — Coupon de 25 fr. à compte sur 1865.

8 *janvier.* — Tirage de 908 obligations à amortir le 1er avril.

29 *mars.* — L'Assemblée fixe le dividende à 60 fr. 50 et réélit administrateurs : MM. le baron de St-Didier et Berthier ; elle nomme M. G. Trousseau en remplacement de M. Meuron.

1er *juillet.* — Coupon de 35 fr. 50, solde de 1865.

1867

1er *janvier.* — Coupon de 25 fr.

14 *janvier.* — Tirage de 638 obligations.

30 *mars.* — L'Assemblée fixe le dividende à 41 fr., et réélit administrateurs : MM. Moreau Jules et Lavollée Charles.

1er *juillet.* — Coupon de 16 fr.

58.273 obligations en circulation au 31 décembre 1865, remboursables en 42 ans, par voie de tirage au sort.
Intérêts : 25 fr. en deux coupons, les 1er janvier et 1er juillet.

COMPAGNIE GÉNÉRALE DES EAUX.

1866

1er *janvier.* — Coupon de 7 fr. à compte sur 1865.

20 *avril.* — L'Assemblée fixe le dividende à 19 fr.

1er *juillet.* — Coupon de 12 fr., solde de 1866.

26 *septembre.* — Tirage de 78 obligations à amortir le 1er octobre.

1867

1er *janvier.* — Coupon de 7 fr.

27 *avril.* — L'Assemblée fixe le dividende à 20 fr.

1er *juillet.* — Coupon de 13 fr.

26 *septembre.* — Tirage de 85 obligations.

14 *décembre.* — L'Assemblée approuve divers traités de distribution d'eaux et autorise l'aliénation des obligations nécessaires aux travaux, à prélever sur les 20.000 autorisées le 9 avril 1854.

20.000 obligations de 500 fr. 3 0/0, remboursables en 90 ans, à partir de janvier 1862.
Intérêts : 15 fr. en deux coupons de 7 fr. 50 les 1er avril et 1er octobre.

SOCIÉTÉ GÉNÉRALE ALGÉRIENNE.

(VOIR FEUILLE N° 4.)

200.000 obligations de 150 fr. remboursables en 50 ans, par voie de tirage au sort, à partir du 1er mai 1868.
Intérêts : 6 fr. en deux coupons de 3 fr., les 1er février et 1er août.

CHEMINS ROMAINS.

Actions trentenaires.

(VOIR FEUILLE N° 7.)

21.000 actions trentenaires amortissables en 30 ans. — Intérêts : 30 fr. en deux coupons, les 1er avril et 1er octobre.

Le Mans. — Typ. Ed. Monnoyer. — Août 68.

HALLES & MARCHÉS.

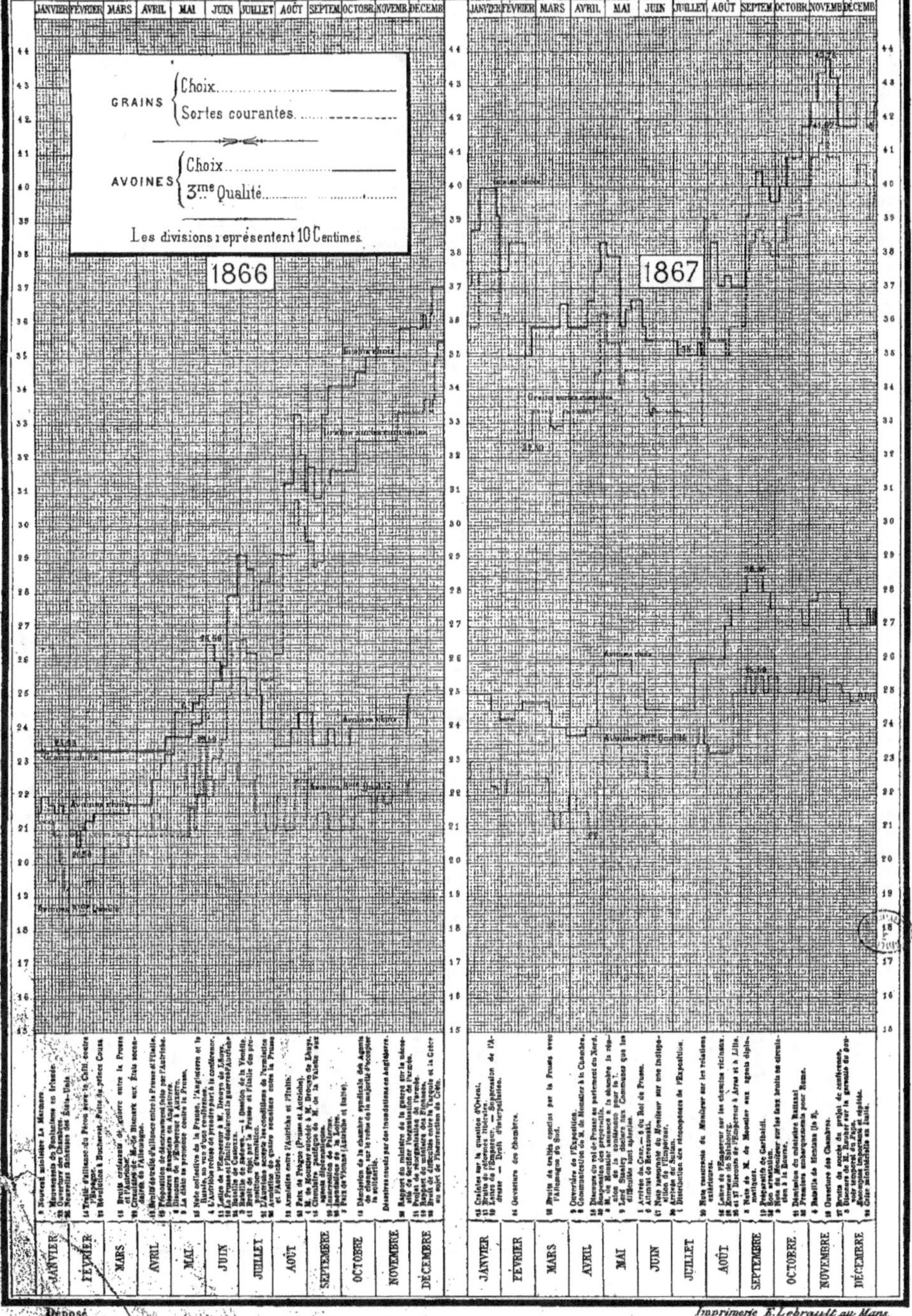

BULLETIN COMMERCIAL.

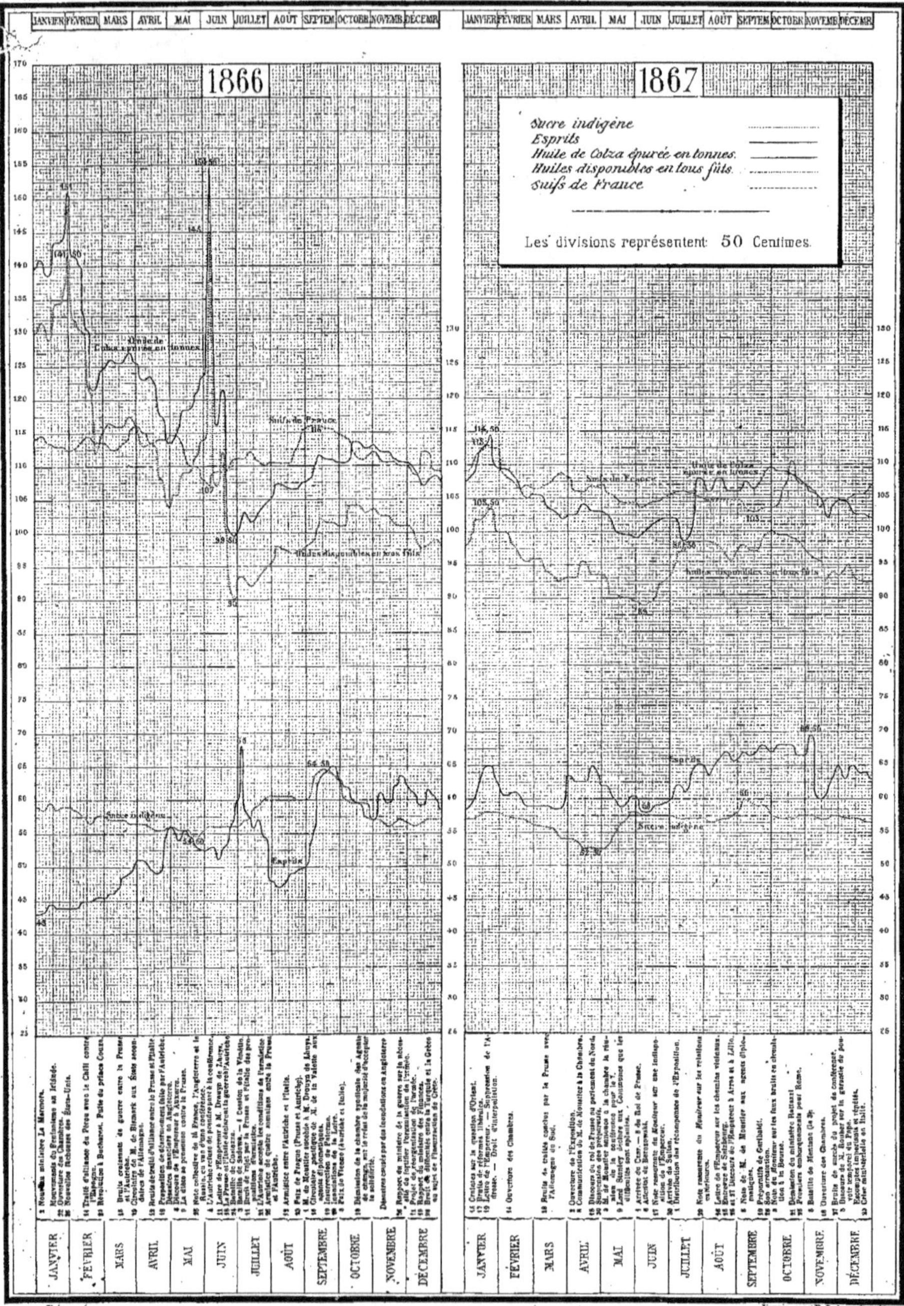

C. Robert Éditeur, Rue de la Victoire 45. Paris.

* 9 7 8 2 0 1 6 1 5 8 3 9 5 *